INVESTIGACIONES  3

EN NUMERACIÓN, DATOS Y ESPACIO®

CUADERNO DE ACTIVIDADES

TERC

PEARSON

Glenview, Illinois • Boston, Massachusetts • Chandler, Arizona • Nueva York, Nueva York

The Investigations curriculum was developed by TERC, Cambridge, MA.

This material is based on work supported by the National Science Foundation ("NSF") under Grant No. ESI-0095450. Any opinions, findings, and conclusions or recommendations expressed in this material are those of the author(s) and do not necessarily reflect the views of the National Science Foundation.

PEARSON

ISBN-13:   978-0-328-89812-1
ISBN-10:   0-328-89812-0

1   16

UNIDAD 1 Monedas, cadenas de números y problemas-cuento

INVESTIGACIÓN 1

CONTENIDO

UNIDAD 2 Atributos de las figuras y partes de un entero

INVESTIGACIÓN 1

UNIDAD 3 ¿Cuántas pegatinas? ¿Cuántos centavos?

INVESTIGACIÓN 1

UNIDAD 3 CONTENIDO (*continuación*)

CONTENIDO

UNIDAD 4 Bolsillos, dientes y adivina cuál es mi regla

INVESTIGACIÓN 1

UNIDAD 5 ¿Cuántas decenas? ¿Cuántas centenas?

INVESTIGACIÓN 1

CONTENIDO

UNIDAD 5 CONTENIDO (*continuación*)

UNIDAD 6 ¿Qué distancia puedes saltar?

INVESTIGACIÓN 1

INVESTIGACIÓN 2

UNIDAD 7 Parejas, equipos y otros grupos

UNIDAD 8 ¿Hay suficientes para nuestra clase? ¿Hay suficientes para todo el grado?

INVESTIGACIÓN 1

CONTENIDO

INVESTIGACIÓN 2

Monedas, cadenas de números y problemas-cuento

Monedas, cadenas
de números y
problemas-cuento

NOMBRE _____ FECHA _____

El número del día con 10 cubos

Construye algo con 10 cubos.
Dibuja lo que construiste.
Usa números para describirlo.

NOMBRE

FECHA

10 cubos

Escribe una ecuación para describir cada ordenación de 10 cubos.

1	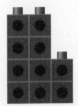	$3 + 3 + 2 + 2 = 10$
2		
3		
4		
5		
6		

NOTA

Los estudiantes usan ecuaciones para describir ordenaciones de 10 cubos.

TMI Ecuaciones y expresiones equivalentes

NOMBRE   FECHA

Las matemáticas en esta unidad

Estimada familia:

Nuestra clase va a comenzar el año con una nueva unidad de matemáticas llamada *Monedas, cadenas de números y problemas-cuento*. Esta unidad sentará las bases para el trabajo de todo el año. Estará enfocada en contar de 1 en 1 y con grupos de 5 y de 10, identificar y reconocer monedas y sus valores, usar lo que ya saben para sumar y restar números, adquirir fluidez en operaciones de suma y resta, y entender y resolver una variedad de problemas-cuento que incluyen suma y resta.

A lo largo de esta unidad, los estudiantes trabajarán para cumplir los siguientes objetivos:

Puntos de referencia/Objetivos	Ejemplos
Reconocer e identificar monedas por su valor.	¿Cuál es una moneda de 10¢? ¿Cuánto vale la otra moneda? "La siguiente moneda vale 25¢." $= 25¢$

© Pearson Education 2

NOMBRE   FECHA

Las matemáticas en esta unidad

Puntos de referencia/Objetivos	Ejemplos
Usar combinaciones conocidas para sumar varios números en cualquier orden.	$1 + 7 + 9 + 7 = $ _____ "Sé que $1 + 9 = 10$ y $7 + 7 = 14$. Entonces, $10 + 14 = 24$. Se puede sumar los números en cualquier orden."
Resolver un problema-cuento de comparación con la diferencia desconocida.	Hay 29 galletas. ¿Hay suficientes galletas para que todos los estudiantes de tu clase tengan una? ¿Cuántas sobrarán?
Resolver problemas-cuento con un total y un resultado desconocidos.	Cati tenía 10 canicas. Gonzalo tenía 12. ¿Cuántas canicas tienen en total? Había 22 niños jugando a La traes en el área de juego. Luego, se unieron 10 niños más. ¿Cuántos niños hay jugando a La traes? Cati tenía 16 tarjetas de beisbol. Regaló 7. ¿Cuántas tarjetas le quedan?

En nuestra clase de matemáticas, los estudiantes hacen problemas y actividades de matemáticas. Se les pide que comenten su razonamiento sobre un problema dado. Es importante que los estudiantes resuelvan problemas de matemáticas correctamente de la manera que prefieran. En su casa, pida a su hijo(a) que le explique el razonamiento matemático que apoya esas soluciones. Puede encontrar más información y actividades de esta unidad en los materiales que se enviarán al hogar en las próximas semanas. Esperamos crear una comunidad matemática en nuestra clase.

NOMBRE   FECHA

Maneras de llenar: Figura A

Usa bloques de patrón para cubrir la Figura A de diferentes maneras. Anota la cantidad de bloques en la tabla.

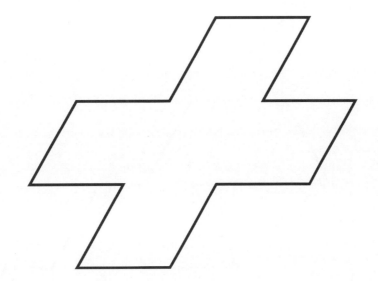

							Cantidad total de bloques
1.ª manera							
2.ª manera							
3.ª manera							
4.ª manera							
5.ª manera							

NOMBRE   FECHA

Maneras de llenar: Figura B

Usa bloques de patrón para cubrir la Figura B de diferentes maneras. Anota la cantidad de bloques en la tabla.

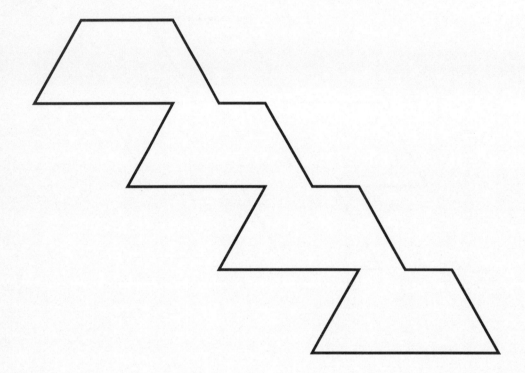

							Cantidad total de bloques
1.ª manera							
2.ª manera							
3.ª manera							
4.ª manera							
5.ª manera							

Maneras de llenar: Figura C

Usa bloques de patrón para cubrir la Figura C de diferentes maneras. Anota la cantidad de bloques en la tabla.

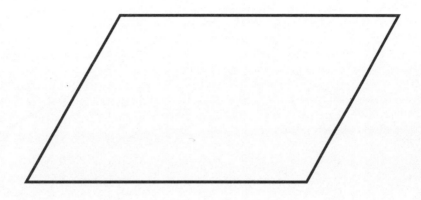

	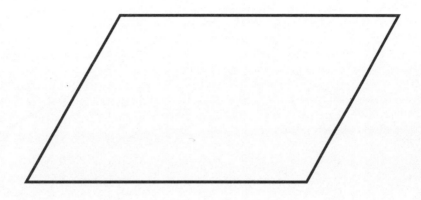						Cantidad total de bloques
1.ª manera							
2.ª manera							
3.ª manera							
4.ª manera							
5.ª manera							

NOMBRE

FECHA

Maneras de llenar: Figura D

Usa bloques de patrón para cubrir la Figura D de diferentes maneras. Anota la cantidad de bloques en la tabla.

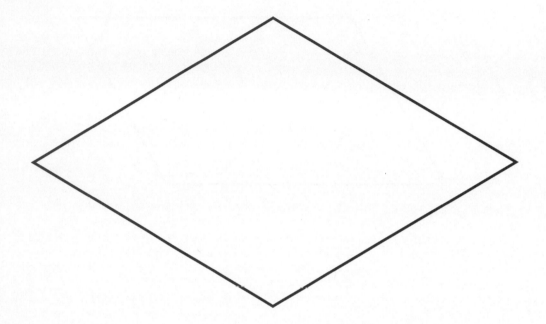

	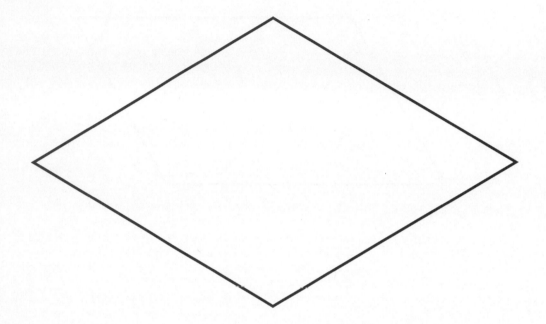						Cantidad total de bloques
1.ª manera							
2.ª manera							
3.ª manera							
4.ª manera							
5.ª manera							

NOMBRE

FECHA

Maneras de llenar: Figura E

Usa bloques de patrón para cubrir la Figura E de diferentes maneras. Anota la cantidad de bloques en la tabla.

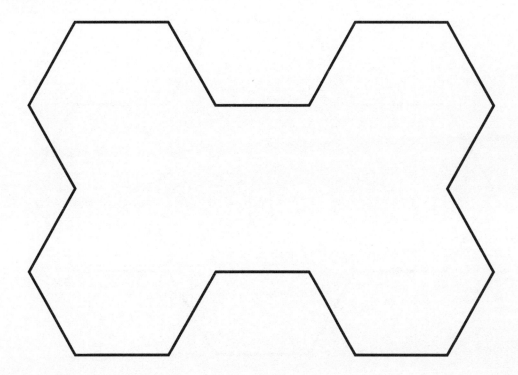

	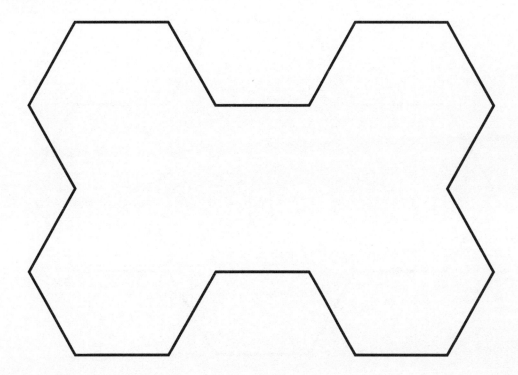						Cantidad total de bloques
1.ª manera							
2.ª manera							
3.ª manera							
4.ª manera							
5.ª manera							

Maneras de llenar: Figura F

Usa bloques de patrón para cubrir la Figura F de diferentes maneras. Anota la cantidad de bloques en la tabla.

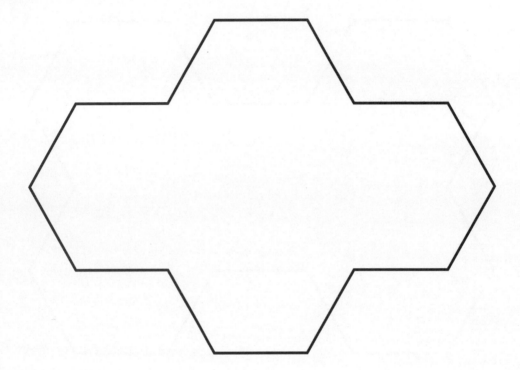

	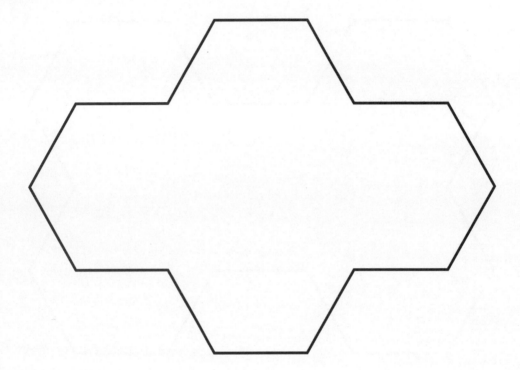						Cantidad total de bloques
1.ª manera							
2.ª manera							
3.ª manera							
4.ª manera							
5.ª manera							

NOMBRE   FECHA

Número del día: 10

El número del día es <u>10</u>.

$$5 + 5$$

$$5 + 3 + 2$$

$$11 - 1$$

1 Muestra diferentes maneras de formar el número del día.

2 Escribe el número <u>10</u> en palabras. _____

NOTA

Los estudiantes escriben expresiones que son iguales al número del día y escriben el número del día en palabras.

TMI Ecuaciones y expresiones equivalentes

NOMBRE   FECHA

Ordenar 10 objetos

Necesitarás 10 objetos pequeños, tales como monedas de 1¢ o botones. Ordena los objetos de diferentes maneras.

Ejemplo:

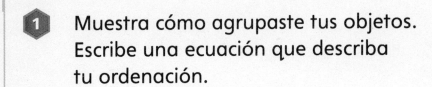

$$4 + 3 + 2 + 1 = 10$$

1 Muestra cómo agrupaste tus objetos. Escribe una ecuación que describa tu ordenación.

2 Muestra cómo agrupaste tus objetos. Escribe una ecuación que describa tu ordenación.

NOTA

Los estudiantes hallan combinaciones de números que son iguales a 10. Hay muchas soluciones posibles.
TMI Sumar hasta 20

Sobre la tarea de matemáticas

Estimada familia:

La tarea es un vínculo importante entre el aprendizaje dentro y fuera de la escuela. Esto amplía el trabajo que los estudiantes realizan en la clase, brinda una oportunidad para practicar destrezas aprendidas o los prepara para la próxima lección.

En segundo grado, la tarea puede incluir problemas de suma y resta, juegos aprendidos en la clase, reunir información (de miembros de la familia) para un proyecto o resolver un problema-cuento.

Estas son algunas de las sugerencias para que la tarea sea una experiencia positiva para su hijo(a):

- Escoja un lugar tranquilo para que su hijo(a) haga la tarea (ya sea en la casa, en un programa de después de la escuela o en algún otro lugar) y establezca un sistema para que su hijo(a) traiga la tarea y la lleve a la escuela.

- Algunos materiales, tales como las tarjetas de números primarios y las instrucciones de los juegos, se utilizarán durante todo el año. Debido a que estos materiales se enviarán a la casa solo una vez, ayude a su hijo(a) a encontrar un lugar seguro para guardarlos, como una carpeta, un sobre o una caja de zapatos, de modo que pueda encontrarlos fácilmente cuando los necesite. Si su hijo(a) habitualmente hace la tarea en varios lugares, avíseme para que podamos hablar sobre cómo obtener los materiales necesarios.

- Los estudiantes suelen usar objetos de la vida diaria para resolver problemas de matemáticas. Reúna una colección de 30 a 40 objetos pequeños, tales como frijoles, botones o monedas de 1¢ que los estudiantes puedan usar en la casa. Pueden guardarlos en bolsas de plástico o en envases pequeños y conservarlos junto con los demás materiales.

NOMBRE   FECHA

Sobre la tarea de matemáticas

- Cuando trabajen en problemas de matemáticas en casa, anime a su hijo(a) a resolverlos y anotar su trabajo de la manera que prefiera. Algunos estudiantes usan números y ecuaciones; otros usan dibujos y tablas; otros, palabras; muchos usan una combinación de estos métodos. Intentamos hacer que todos los estudiantes usen los métodos que prefieran para resolver los problemas.

- Si su hijo(a) le pide ayuda para resolver algunos de estos problemas, las siguientes preguntas pueden serle útiles: ¿Por dónde podrías empezar? ¿Te recuerda este problema algo que hayas hecho en la clase? ¿Qué necesitas calcular?

- Para los problemas-cuento, puede hacer estas preguntas: ¿Puedes hacer un dibujo de lo que sucede en el problema? ¿Puedes contarme qué sucede en el problema? ¿Crees que al final del cuento habrá mayor o menor cantidad que al principio?

Si desea comentar algunas opiniones sobre cómo su hijo(a) aborda la tarea, no dude en enviarme una nota. Si una tarea parece muy difícil o confusa, avíseme para que yo pueda abordar el asunto. Espero trabajar con usted y su hijo(a) durante todo el año.

© Pearson Education 2

Explorar el dinero

Mira detenidamente cada moneda.
Anota lo que observas.

Esta moneda vale _____ ¢.

Esta moneda vale _____ ¢.

Esta moneda vale _____ ¢.

Esta moneda vale _____ ¢.

Explorar el dinero

Mira detenidamente cada billete de dólar.
Anota lo que observas.

Un **billete de un dólar** vale _____ ¢.

Número del día: 12

El número del día es <u>12</u>.

1 Encierra en un círculo todos los problemas
que sean iguales al número del día.

$15 - 2$	$14 - 2$
$10 + 2 + 0$	$20 - 6$
$7 + 7$	$3 + 2 + 7$
$10 + 1 + 1$	$8 + 5$
$4 + 8$	$6 + 6$

2 Escribe el número <u>12</u> en palabras. _____

NOTA

Los estudiantes escriben expresiones que son iguales al número del día y escriben el número del
día en palabras.

TMI **Ecuaciones y expresiones equivalentes**

Números que faltan 1

1 Resuelve estos problemas.
Completa los totales en la tabla de 100.

$1 + 7 =$ _____ $2 + 3 =$ _____

$9 - 2 =$ _____ $10 + 2 =$ _____

$14 + 1 =$ _____ $5 - 2 =$ _____

$7 + 2 =$ _____ $13 + 1 =$ _____

2 Completa todos los números que faltan en la tabla de 100.

1	2		4		6				10
	13			16	17	18	19	20
21		23	24	25	26	27	28		30
	33		35	36	37		39	
41	42		44	45	46		48	49	50
	52	53		55		57	58	59	
61	62	63		65		67	68		70
71		73	74		76		78	79	80
81	82		84	85	86	87	88	89	
	92	93	94		96	97	98		100

Números que faltan 2

1 Resuelve estos problemas.
Completa los totales en la tabla de 100.

$16 - 2 =$ _____

$4 + 3 =$ _____

$2 + 7 =$ _____

$18 + 2 =$ _____

$3 + 5 =$ _____

$7 - 4 =$ _____

$9 - 5 =$ _____

$8 + 7 =$ _____

2 Completa todos los números que faltan en la tabla de 100.

1	2			5					10
	12	13			16	17	18	19	
21	22		24	25		27	28	29	30
31	32	33	34		36	37	38		40
	42	43	44	45	46	47		49	50
51		53	54	55	56		58	59	60
	62	63	64		66	67	68	69	
71	72	73		75	76	77		79	80
81		83	84	85		87	88		90
91	92	93	94	95	96		98	99	100

NOMBRE   FECHA

Números que faltan 3

1 Resuelve estos problemas.
Completa los totales en la tabla de 100.

$25 + 2 =$ _____ $5 - 3 =$ _____

$9 + 5 =$ _____ $9 + 6 =$ _____

$36 + 1 =$ _____ $33 - 1 =$ _____

$4 + 5 =$ _____ $5 + 6 =$ _____

2 Completa todos los números que faltan en la tabla de 100.

1			4	5		7			10
		13			16	17	18	19	
21	22	23		25	26			29	30
31			34	35	36		38	39	40
41	42	43	44			47	48	49	50
51	52	53		55	56	57		59	
61		63	64	65	66		68	69	70
71	72	73	74		76	77	78		80
	82	83		85	86	87	88	89	90
91	92		94	95		97	98	99	100

NOMBRE   FECHA

Números que faltan 4

1 Resuelve estos problemas.
Completa los totales en la tabla de 100.

$5 + 4 =$ _____ $7 + 6 =$ _____

$5 + 3 =$ _____ $6 - 1 =$ _____

$44 - 2 =$ _____ $35 + 1 =$ _____

$17 - 2 =$ _____ $21 + 1 =$ _____

2 Completa todos los números que faltan en la tabla de 100.

1	2	3	4		6				
11	12		14		16	17	18		20
21		23	24		26	27		29	30
	32	33		35			38	39	40
41			44	45		47	48	49	50
	52	53	54	55	56	57			60
		63			66	67	68	69	
71	72		74	75	76	77		79	80
81		83		85	86		88	89	
	92		94	95		97	98	99	100

NOMBRE   FECHA

Números que faltan 5

1 Resuelve estos problemas.
Completa los totales en la tabla de 100.

53 − 2 = _____   6 + 3 = _____

16 − 3 = _____   42 + 3 = _____

9 − 3 = _____   7 − 6 = _____

19 − 1 = _____   79 − 3 = _____

2 Completa todos los números que faltan en la tabla de 100.

	2	3		5		7	8		10
	12		14		16	17		19	20
21	22		24	25		27	28	29	30
31	32	33	34		36	37	38		40
	42		44		46	47		49	50
	53	54	55	56		58	59		60
61	62	63	64		66	67	68	69	
71	72	73		75		77		79	80
81		83	84	85		87	88		90
91	92		94	95	96		98	99	100

© Pearson Education 2

NOMBRE   FECHA

Números que faltan 6

1 Resuelve estos problemas.
Completa los totales en la tabla de 100.

$13 - 3 =$ _____ $9 - 7 =$ _____

$2 + 6 =$ _____ $9 - 4 =$ _____

$56 - 2 =$ _____ $88 - 1 =$ _____

$95 + 3 =$ _____ $81 + 2 =$ _____

2 Completa todos los números que faltan en la tabla de 100.

1		3	4		6	7		9	
	12	13			16	17	18	19	20
21	22		24	25		27	28	29	30
31		33	34		36	37	38		
	42	43	44	45	46	47		49	50
51		53		55			58	59	60
	62	63	64		66	67	68	69	
71	72	73		75	76	77		79	80
81	82		84	85	86		88		90
91		93	94	95	96			99	100

NOMBRE   FECHA

Tiras de conteo

Escribe los números que faltan en estas tiras
de conteo.

 1

11

12

13

2

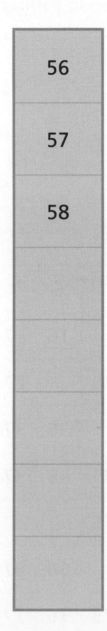

56

57

58

3

84

85

86

NOTA

Los estudiantes practican cómo escribir números y contar hacia adelante desde un número que
no sea uno.

TMI **Números del 0 al 120**

Monedas

Dibuja una línea para unir cada moneda con su nombre.

a. moneda de 1¢

b. moneda de 25¢

c. moneda de 10¢

d. moneda de 5¢

5 ¿Qué moneda vale 10 centavos? _____

6 ¿Qué moneda vale 25 centavos? _____

7 ¿Cuánto vale la 3.ª moneda? _____

8 ¿Cuánto vale la 2.ª moneda? _____

NOTA

Los estudiantes practican cómo identificar monedas.

TMI Dinero

NOMBRE   FECHA

¿Qué salió mal?

Aquí se muestran partes de 3 tiras de conteo.
Intenta hallar los errores.
Corrígelos.

1

| 17 |
| 18 |
| 19 |
| 20 |
| 30 |
| 40 |

2

| 21 |
| 22 |
| 23 |
| 23 |
| 24 |
| 25 |

3

| 97 |
| 98 |
| 99 |
| 100 |
| 200 |
| 300 |

Repaso continuo

4 ¿Cuánto vale una moneda de 10 centavos?

Ⓐ 1¢   Ⓒ 10¢

Ⓑ 5¢   Ⓓ 25¢

NOTA

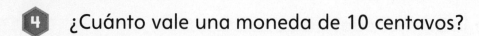

Los estudiantes practican cómo contar y ordenar números en secuencia.
TMI **Números del 0 al 120**

Número del día: 7

El número del día es 7.

$$5 + 2$$
$$5 + 1 + 1$$
$$10 - 3$$

1   Muestra diferentes maneras de formar el número del día.

2   Escribe el número 7 en palabras. _____

NOMBRE _____   FECHA _____

Relojes

1 Lee cada reloj y escribe la hora.

2 ¿En qué se parecen todos estos relojes?
¿Por qué? (Pista: Mira la manecilla grande).

NOTA

Los estudiantes practican cómo decir la hora a la hora.
TMI **Decir la hora a la hora**

NOMBRE   FECHA

La suma da

Encierra en un círculo las dos tarjetas que dan cada suma.

1 La suma da 15.

5   3   10

2 La suma da 9.

6   4   5

3 La suma da 16.

8   8   7

4 La suma da 7.

5   3   2

5 La suma da 11.

9   1   10

6 La suma da 13.

6   2   7

7 La suma da 4.

3   2   2

8 La suma da 20.

10   9   10

NOTA

Los estudiantes hallan combinaciones que son iguales a la suma dada.
TMI Sumar hasta 20

NOMBRE   FECHA

Número del día: 15

El número del día es 15.

$$10 + 5$$

$$10 + 4 + 1$$

$$20 - 5$$

1 Muestra diferentes maneras de formar el número del día.

2 Escribe el número 15 en palabras. _____

NOTA

Los estudiantes escriben expresiones que son iguales al número del día y escriben el número del día en palabras.

TMI Ecuaciones y expresiones equivalentes

Problemas con tres grupos

Halla la cantidad de cubos que Jake usó en
cada problema. Suma los números en al menos
dos órdenes diferentes. Muestra tu trabajo.

1 Jake usó 6 cubos verdes, 3 cubos azules
y 4 cubos amarillos para hacer un tren.
¿Cuántos cubos usó?

2 Jake usó 8 cubos verdes, 5 cubos
azules y 5 cubos amarillos para hacer
un tren. ¿Cuántos cubos usó?

Problemas con tres grupos

3 Jake usó 6 cubos verdes, 8 cubos azules
y 5 cubos amarillos para hacer un tren.
¿Cuántos cubos usó?

4 Al cambiar el orden de los números,
¿obtuviste la misma respuesta?
¿Por qué crees que es así?

_____

_____

_____

_____

Cadenas de números

Usa combinaciones que conozcas para resolver
los problemas y muestra tu trabajo.

1 $3 + 4 + 6 =$

2 $3 + 7 + 8 =$

3 $7 + 5 + 7 + 5 =$

4 $1 + 5 + 9 =$

5 $8 + 4 + 2 =$

6 $8 + 6 + 3 + 7 + 2 =$

Cadenas de números

Usa combinaciones que conozcas para resolver
los problemas y muestra tu trabajo.

7 $8 + 9 + 3 =$

8 $6 + 6 + 7 + 7 =$

9 $8 + 6 + 8 + 4 =$

10 $3 + 7 + 4 =$

11 $9 + 4 + 5 + 1 =$

12 $4 + 7 + 3 + 5 + 5 =$

ACTIVIDAD

Cadenas de números

Usa combinaciones que conozcas para resolver
los problemas y muestra tu trabajo.

13 $2 + 7 + 6 =$

14 $5 + 3 + 6 + 8 + 7 =$

15 $5 + 6 + 4 + 10 + 5 =$

16 $2 + 9 + 1 + 2 =$

17 $5 + 6 + 4 =$

18 $9 + 7 + 1 + 3 =$

© Pearson Education 2

Cadenas de números

Usa combinaciones que conozcas para resolver
los problemas y muestra tu trabajo.

19 $11 + 11 + 8 =$

20 $5 + 4 + 7 + 5 + 7 =$

21 $12 + 4 + 4 + 10 =$

22 $9 + 8 + 11 + 8 =$

23 $19 + 6 + 5 =$

24 $9 + 6 + 1 + 4 =$

Cadenas de números

Usa combinaciones que conozcas para resolver
los problemas y muestra tu trabajo.

25 $9 + 8 + 7 =$	**26** $2 + 3 + 3 + 3 + 7 =$
27 $9 + 7 + 3 + 11 =$	**28** $9 + 8 + 17 =$
29 $6 + 6 + 6 =$	**30** $19 + 7 + 3 + 11 =$

Cadenas de números

Usa combinaciones que conozcas para resolver
los problemas y muestra tu trabajo.

31 $6 + 6 + 8 =$

32 $12 + 18 + 5 =$

33 $6 + 7 + 9 + 9 =$

34 $6 + 6 + 8 + 10 =$

35 $15 + 8 + 5 =$

36 $9 + 16 + 1 + 14 =$

NOMBRE   FECHA

Buscar combinaciones

Resuelve la misma cadena de números de tres
maneras diferentes.
Usa ecuaciones para mostrar tu solución.

1 Empieza buscando combinaciones de 10.

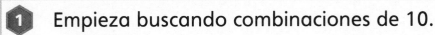

$6 + 4 + 5 + 7 + 4$

$6 + 4 = 10$

2 Empieza buscando
dobles.

$6 + 4 + 5 + 7 + 4$

3 Empieza buscando
combinaciones de números
que sean casi dobles.

$6 + 4 + 5 + 7 + 4$

Repaso continuo

4 ¿Qué combinación de números **no** forma 20?

Ⓐ $10 + 10$ Ⓑ $18 + 2$ Ⓒ $19 + 3$ Ⓓ $5 + 5 + 5 + 5$

NOTA

Los estudiantes practican cómo usar combinaciones que ya conocen para resolver un problema con
varios sumandos.

TMI Cadenas de números

Nuestro primer día de bolsillos

Escribe sobre nuestro primer día de bolsillos.
Piensa en estas preguntas mientras escribes.

- ¿A qué pregunta intentábamos responder?

- ¿Qué hicimos? ¿Qué herramientas usamos?

- ¿Qué hallamos? ¿Cuántos bolsillos había?

_____

_____

_____

_____

_____

_____

_____

_____

_____

_____

_____

Acertijos numéricos

1 Soy la cantidad de horas que tiene un día.
Soy lo que obtienes si sumas 12 + 12.
Soy 2 decenas y 4 unidades.
¿Qué número soy?

2 Soy la cantidad de sentidos que tienes.
Soy uno más grande que cuatro.
Soy uno menos que seis.
¿Qué número soy?

3 Soy la cantidad de estados de Estados Unidos.
Soy la mitad de 100.
Soy 10 más grande que 40.
¿Qué número soy?

Repaso continuo

4 ¿Qué par de tarjetas tiene un total **mayor** que 16?

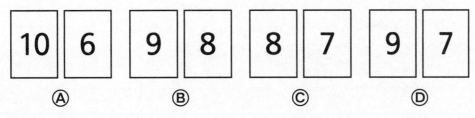

10	6	9	8	8	7	9	7
Ⓐ		Ⓑ		Ⓒ		Ⓓ	

NOTA

Los estudiantes usan pistas para resolver acertijos numéricos.
TMI **Números del 0 al 120**

NOMBRE   FECHA

Practicar con cadenas de números

Resuelve los problemas con cadenas de números.
Recuerda buscar dobles y combinaciones que
formen 10.

1 $3 + 4 + 7 =$	**2** $1 + 2 + 7 + 4 =$
3 $8 + 10 + 8 =$	**4** $2 + 9 + 8 + 1 =$
5 $6 + 5 + 4 + 5 =$	**6** $2 + 6 + 6 =$
7 $9 + 3 + 1 + 3 =$	**8** $5 + 7 + 3 + 5 + 6 =$

NOTA

Los estudiantes practican cómo resolver problemas con varios sumandos y cómo usar combinaciones que ya conocen.

TMI Cadenas de números

Cadenas de números en casa

Usa combinaciones que conozcas para resolver estos problemas y muestra tu trabajo.

1 $6 + 7 + 5 + 6 + 3 =$

2 $8 + 3 + 4 + 6 + 2 =$

NOTA

Los estudiantes resuelven dos problemas con varios sumandos. Anime a su hijo(a) a que use combinaciones que ya conoce y anote su trabajo.

TMI **Cadenas de números**

CARTA A LA FAMILIA

Aprender las operaciones

Estimada familia:

Para poder sumar y restar bien, los estudiantes tienen que adquirir fluidez en la suma y la resta hasta 20. En el Grado 2, los estudiantes aprenden operaciones de suma y resta a lo largo de todo el año y se espera que hayan adquirido fluidez hacia el final. En esta primera unidad de números, los estudiantes trabajarán con los siguientes grupos de combinaciones.

Tarjetas de operaciones: Juego 1

- **Formar operaciones que den 10:** Todas las combinaciones de 10 formadas por dos números, tales como $8 + 2$ y $4 + 6$.
- **Operaciones con más 1:** Cualquier número más uno ($5 + 1$) o 1 más cualquier número ($1 + 8$).
- **Operaciones con más 2:** Cualquier número más dos ($3 + 2$) o 2 más cualquier número ($2 + 7$).
- **Operaciones con dobles:** Cualquier número más el mismo número ($5 + 5$, $9 + 9$).
- Algunas operaciones con sumas menores que 10 que no entren en las categorías anteriores.

Tarjetas de operaciones: Juego 2

Estas operaciones incluyen las operaciones de resta relacionadas con cada una de las siguientes categorías: operaciones con menos 10, operaciones con menos 1, operaciones con menos 2 y problemas como $10 - 5$ y $18 - 9$, así como otras operaciones que no entran en las categorías anteriores.

Los estudiantes trabajarán con otros grupos de operaciones de suma y resta: operaciones con más 10 y menos 10, operaciones con más 9 y menos 9 y operaciones con números "casi" dobles (p. ej., $5 + 6$ u $11 - 6$) en las últimas unidades. Se espera que los estudiantes adquieran fluidez en estas operaciones para el final del Grado 2.

NOMBRE   FECHA

Aprender las operaciones

Los estudiantes aprenderán estas operaciones de suma y resta
al resolverlas con frecuencia. En la clase, jugaremos varios
juegos que los ayudarán a aprender grupos determinados de
operaciones. Los estudiantes también jugarán algunos de estos
juegos como tarea. También usaremos tarjetas de operaciones
como la de abajo.

Los estudiantes usarán estas tarjetas para practicar sus
operaciones y clasificarlas en dos sobres: "Operaciones que sé"
y "Operaciones que todavía estoy aprendiendo". Reflexionamos
mucho sobre algunos métodos para que los estudiantes recuerden
operaciones que les resultan difíciles. Por ejemplo, su hijo(a) puede
escribir: "Piensa $5 + 5 + 3$" como una pista para resolver $5 + 8$.

$$5 + 8 =$$
$$8 + 5 =$$

Pista: _Piensa 5 + 5 + 3_

Además de usar las operaciones con frecuencia, los estudiantes
se enfocarán en los números y sus relaciones. De ese modo, si los
estudiantes se olvidan de una operación, aún pueden resolver
el problema con rapidez y eficacia. Por ejemplo, los estudiantes
pueden usar las siguientes estrategias:

- "$8 + 5$ es lo mismo que $8 + 2$, que es 10, y 3 más, que es 13".

- "$7 + 9$ es como $7 + 10$, pero con uno menos. Entonces,
  es 16".

Gracias por su interés y su apoyo.

NOMBRE   FECHA

Usar la tabla de 100

1 Resuelve estos problemas y completa los totales en la siguiente tabla de 100.

$3 + 4 =$ _____ $13 - 2 =$ _____ $9 + 5 =$ _____

$6 + 3 =$ _____ $8 - 5 =$ _____ $8 + 8 =$ _____

$17 + 1 =$ _____ $6 - 1 =$ _____ $4 + 4 =$ _____

2 Completa todos los números que faltan en la tabla de 100.

1	2		4		6				10
	12	13		15		17		19	20
21		23	24	25	26	27	28		30
		33		35	36	37		39	
41	42		44	45	46		48	49	50
	52	53		55		57	58	59	
61	62	63		65		67	68		70
71		73	74		76		78	79	80
81	82		84	85	86	87	88	89	
	92	93	94		96	97	98		100

NOTA

Los estudiantes practican cómo sumar y restar hasta 20 y ordenar números del 1 al 100 en secuencia.
TMI Tabla de 100

¡Dame 5!

1 Halla tantas maneras de formar 5 como puedas.

Sumando números

Restando números

Repaso continuo

2 ¿Qué número es 5 **más** que 12?

Ⓐ 7   Ⓑ 15   Ⓒ 17   Ⓓ 23

NOTA

Los estudiantes escriben expresiones de suma y resta que son iguales a 5. Hay muchas soluciones posibles.

TMI Ecuaciones y expresiones equivalentes

    © Pearson Education 2

NOMBRE _____ FECHA _____

Número del día: 14

El número del día es <u>14</u>.

1 Encierra en un círculo todos los problemas que sean iguales al número del día.

$15 - 1$	$13 - 2$
$10 + 2 + 2$	$20 - 6$
$6 + 7$	$3 + 2 + 7$
$10 + 1 + 1$	$8 + 6$
$8 + 2 + 3$	$7 + 7$

2 Escribe el número <u>14</u> en palabras. _____

NOTA

Los estudiantes escriben expresiones que son iguales al número del día y escriben el número del día en palabras.

TMI Ecuaciones y expresiones equivalentes

¿Hay suficientes para toda la clase?

1 Hay _____ niños en nuestra clase.

2 Conté los cubos de la Bolsa _____.

3 ¿Cuántos cubos hay en total? _____

4 ¿Son suficientes para toda la clase?   SÍ   NO

5 ¿Sobró algún cubo?   SÍ   NO
¿Cuántos? _____

6 ¿Necesitas más cubos?   SÍ   NO
¿Cuántos? _____

7 ¿Cómo lo calculaste? Muestra tu trabajo.

¿Hay suficientes?

La Srta. Bank tiene 25 lápices.
Hay 18 estudiantes en la clase
de la Srta. Bank.

1	¿Hay suficientes para toda la clase?	SÍ	NO
2	¿Sobra algún lápiz? ¿Cuántos? _____	SÍ	NO
3	¿Necesita la Srta. Bank más lápices? ¿Cuántos? _____	SÍ	NO
4	¿Cómo lo calculaste? Muestra tu trabajo.		

NOTA

Los estudiantes determinan si hay suficientes objetos para cada niño. Luego, calculan cuántos sobran o cuántos más se necesitan.

TMI **Suficientes para toda la clase**

NOMBRE   FECHA

Números que faltan

1 Resuelve estos problemas y completa los totales en la siguiente tabla de 100.

$7 + 7 = $ _____ $3 + 3 = $ _____ $10 + 2 = $ _____

$9 + 9 = $ _____ $8 + 8 = $ _____ $10 + 3 = $ _____

$4 + 4 = $ _____ $5 + 5 = $ _____ $10 + 10 = $ _____

2 Completa todos los números que faltan en la tabla de 100.

1	2	3	4	5		7			
11				15		17		19	
21		23	24	25	26	27	28		30
	32	33	34	35	36	37		39	40
41	42	43	44	45			48	49	
	52	53				57	58		
61	62	63		65		67		69	70
		73	74			77	78	79	80
81	82	83	84		86	87	88	89	
	92	93	94		96	97	98	99	

NOTA

Los estudiantes practican con dobles, combinaciones de más 10 y secuencias de números del 1 al 100.

TMI Aprender operaciones de suma: Operaciones con dobles

NOMBRE _____ FECHA _____

Monedas

¿Cuántas monedas de 1¢ valen estas monedas?

1

2

3

4

Repaso continuo

5 Si tienes 77 monedas de 1¢, ¿cuál es la **mayor** cantidad de monedas de 10¢ que puedes cambiar?

Ⓐ 6 monedas de 10¢ Ⓒ 8 monedas de 10¢

Ⓑ 7 monedas de 10¢ Ⓓ 11 monedas de 10¢

NOTA

Los estudiantes repasan el valor de las monedas.
TMI Dinero

NOMBRE

FECHA

¿Cuánto dinero hay?

¿Cuánto dinero hay en cada recuadro? Escribe una ecuación.

1

2

3

4

NOTA

Los estudiantes practican cómo contar dinero.

TMI Dinero

NOMBRE _____ FECHA _____

¿Suficiente para un picnic?

24 personas irán a tu casa para un picnic.
Hay 30 sándwiches en tu canasta de picnic.

1 ¿Habrá suficientes sándwiches? _____

2 ¿Sobrará alguno? _____

3 Si sobran, ¿cuántos? _____

Muestra tu trabajo.

Repaso continuo

4 ¿Cuántos días de lluvia **más** que de sol muestra la gráfica?

Ⓐ 3 más

Ⓑ 2 más

Ⓒ 1 más

Ⓓ 0 más

El clima

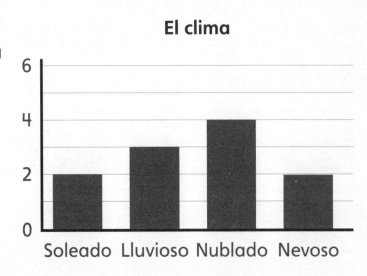

Soleado Lluvioso Nublado Nevoso

NOTA

Los estudiantes practican cómo comparar dos números de 2 dígitos.
TMI Suficiente para toda la clase

NOMBRE _____ FECHA _____

Agrupar de 2 en 2, de 5 en 5 y de 10 en 10

Nuestro número es _____.

Cantidad en una torre	Cantidad de torres	Cantidad de sobrantes	Cantidad total de cubos
2			
5			
10			

Nuestro número es _____.

Cantidad en una torre	Cantidad de torres	Cantidad de sobrantes	Cantidad total de cubos
2			
5			
10			

Nuestro número es _____.

Cantidad en una torre	Cantidad de torres	Cantidad de sobrantes	Cantidad total de cubos
2			
5			
10			

NOMBRE   FECHA

Colección de monedas

1 Encierra en un círculo algunas monedas para formar **15¢**.

2 Encierra en un círculo algunas monedas para formar **20¢** en total.

NOTA

Los estudiantes practican cómo usar equivalencias de monedas y contar dinero.

TMI Dinero

Colección de monedas

3 Encierra en un círculo algunas monedas para formar **25¢** en total.

Repaso continuo

4 ¿Cuántos cubos hay en los trenes de cubos?

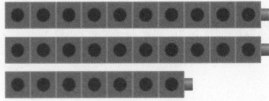

Ⓐ   40   Ⓒ   47

Ⓑ   37   Ⓓ   50

NOTA

Los estudiantes practican cómo usar equivalencias de monedas y contar dinero.

TMI Dinero

Actividades relacionadas para hacer en casa

Estimada familia:

Las actividades sugeridas a continuación se relacionan con los conceptos matemáticos que estamos estudiando en la clase. Puede usar las actividades para enriquecer la experiencia de aprendizaje matemático de su hijo(a).

Monedas En la clase, estamos aprendiendo sobre monedas y sus valores. En casa, su hijo(a) puede examinar monedas y hablar con alguien sobre lo que observa. Hágale preguntas tales como: "¿Cómo se llama esta moneda?", "¿Puedes hallar una moneda de 25¢?", "¿Cuántos centavos vale cada moneda?". También puede comentar algunas preguntas como: "Aquí hay dos monedas de 10¢. ¿Cuántos centavos hay?... ¿Puedes hallar otra manera de formar 20¢?" o "Intercambiemos monedas. Te daré 2 monedas de 5¢ por una de 10¢".

Bolsillos en casa En la clase, contamos la cantidad de bolsillos que los estudiantes tienen de diferentes maneras. En casa, su hijo(a) puede hallar cuántos bolsillos tienen algunos miembros de su familia, de manera individual o en total. A su hijo(a) puede interesarle comparar la cantidad de bolsillos que tienen en diferentes días (en los días escolares y en los fines de semana) o a diferentes horas del día (en la ropa de escuela/trabajo, ropa de juego, pijamas...).

Contar con grupos Busque oportunidades para practicar cómo contar de 2 en 2, de 5 en 5 y de 10 en 10. Cuenten juntos y vean hasta qué número pueden llegar. Piensen en situaciones que incluyan grupos iguales. Haga preguntas tales como:

Si tienes 8 pares de calcetines, ¿cuántos calcetines tienes? Si hay 5 personas sentadas en un banco, ¿cuántos dedos pulgares hay?

NOMBRE   FECHA

Actividades relacionadas para hacer en casa

Matemáticas y literatura Aquí le sugerimos algunos libros infantiles que contienen ideas relacionadas con esta unidad de matemáticas. Puede encontrarlos en su biblioteca local para leer y comentar juntos. Observe qué conceptos matemáticos puede descubrir su hijo(a).

Amery, Heather. *¿Qué hora es?*

Brisson, Pat. *Los centavos de Gustavo.*

Rissman, Rebecca. *Gastar dinero.*

Singleton, Linda. *Elena Efectivo.*

Way, Steve y Felicia Law. *Medir el tiempo.*

Wells, Robert E. *¿Cómo se mide el tiempo?*

Problemas con 10 y 1

Resuelve los problemas y muestra tu trabajo.

1 Sara tiene 3 torres de 10 cubos conectables
y 7 cubos solos.
¿Cuántos cubos tiene Sara?

2 Gonzalo tiene 43 cubos conectables.
¿Cuántas torres de 10 puede formar?
¿Cuántos cubos solos tendrá?

Problemas con 10 y 1

3 Franco tiene 62 centavos. Si intercambia los centavos por la mayor cantidad posible de monedas de 10¢, ¿cuántas monedas de 10¢ tendrá? ¿Cuántos centavos sobrarán?

4 Las tarjetas de beisbol vienen en paquetes de 10. Kira tiene 3 paquetes y 8 tarjetas solas que le dio su hermano. ¿Cuántas tarjetas de beisbol tiene en total?

Tarjetas de BEISBOL

Problemas con 10 y 1

5 Franco tiene 76 tarjetas. Las coloca en filas de 10. ¿Cuántas filas completas puede hacer? ¿Cuántas tarjetas sobrarán?

CROMOS

6 Kira tiene 58 monedas de 1¢. Si intercambia las monedas de 1¢ por la mayor cantidad posible de monedas de 10¢, ¿cuántas monedas de 10¢ tendrá? ¿Cuántas monedas de 1¢ sobrarán?

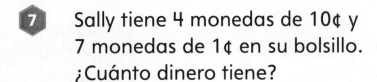
Problemas con 10 y 1

7 Sally tiene 4 monedas de 10¢ y
7 monedas de 1¢ en su bolsillo.
¿Cuánto dinero tiene?

8 Jake tiene 6 monedas de 10¢
y 3 monedas de 1¢ en su alcancía.
¿Cuánto dinero tiene?

NOMBRE   FECHA

¿Hay suficientes para toda la clase?

Hay 21 estudiantes en la clase de la Srta. Tom. Cada estudiante necesita un borrador. La Srta. Tom tiene 15 borradores.

| 1 | ¿Hay suficientes para toda la clase? | SÍ | NO |

| 2 | ¿Sobra algún borrador?
¿Cuántos? _____ | SÍ | NO |

| 3 | ¿Necesita la Srta. Tom más borradores?
¿Cuántos? _____ | SÍ | NO |

| 4 | ¿Cómo lo calculaste? Muestra tu trabajo. | | |

Repaso continuo

5 ¿Qué monedas forman 40¢?

Ⓐ 1 moneda de 5¢ y 2 monedas de 10¢

Ⓑ 2 monedas de 5¢ y 3 monedas de 10¢

Ⓒ 3 monedas de 5¢ y 2 monedas de 10¢

Ⓓ 4 monedas de 5¢ y 1 moneda de 10¢

NOTA

Los estudiantes comparan dos cantidades y hallan la diferencia.
TMI **Suficiente para toda la clase**

NOMBRE   FECHA

Bolsillos en casa

Cuenta a tu familia sobre el día de bolsillos.

Calcula cuántos bolsillos tiene cada persona.
Luego, calcula cuántos bolsillos tiene tu familia
en total. Puedes adivinarlo primero.

Si necesitas más espacio, puedes usar el reverso
de esta hoja.

Persona	Cantidad de bolsillos

Mi familia tiene _____ bolsillos en total.
Lo calculé así:

NOTA

Los estudiantes reúnen y anotan datos sobre cuántos bolsillos tienen las personas.
Combinan varias cantidades para hallar la cantidad total de bolsillos.
TMI **Maneras de contar**

NOMBRE   FECHA

Maneras de formar 20¢

1 Halla todas las maneras de formar 20¢.

Monedas de 1¢	Monedas de 5¢	Monedas de 10¢

PISTA: Si tienes un grupo de monedas diferente para cada fila, entonces has hallado todas las maneras posibles.

2 ¿Cuál es la menor cantidad posible de monedas que forman 20¢? _____

Repaso continuo

3 Tienes 14¢. Necesitas 20¢. ¿Cuántos centavos **más** necesitas?

Ⓐ 5¢   Ⓑ 6¢   Ⓒ 7¢   Ⓓ 8¢

NOTA

Los estudiantes practican cómo hallar combinaciones posibles de monedas que sean iguales a un total dado.
TMI Dinero

¿Cuántos niños hay?

Resuelve los problemas y muestra tu trabajo.
Escribe una ecuación.

1 Había 12 niños jugando a La traes en el área de juego. Luego, se unieron 10 niños más. ¿Cuántos niños están jugando a La traes?

2 Había 22 niños jugando a La traes en el área de juego. Luego, se unieron 10 niños más. ¿Cuántos niños están jugando a La traes?

¿Cuántos niños hay?

3 Había 32 estudiantes sentados a la mesa para el almuerzo. 7 se fueron a buscar su almuerzo. ¿Cuántos estudiantes quedaron sentados a la mesa?

4 Nuestra clase fue de excursión al zoológico. Había 23 estudiantes y 9 adultos en la excursión. ¿Cuántas personas fueron a la excursión?

NOMBRE   FECHA

¿Cuántas flores hay?

Resuelve el problema y muestra tu trabajo.
Escribe una ecuación.

Sally tiene 12 margaritas y 8 rosas.
¿Cuántas flores tiene en total?

NOTA

Los estudiantes resuelven un problema-cuento con una combinación de dos cantidades.
TMI **Un problema-cuento de suma sobre niños**

UNIDAD 1 | 70 | SESIÓN 4.1   © Pearson Education 2

NOMBRE

FECHA

¿Cuántas tarjetas, latas y monedas de 1¢ hay?

Resuelve los problemas y muestra tu trabajo.
Escribe una ecuación.

1 Kira tiene 16 tarjetas de beisbol. Regaló 7.
¿Cuántas tarjetas de beisbol le quedan?

CROMOS

2 Kira tiene 26 tarjetas de beisbol. Regaló 7.
¿Cuántas tarjetas de beisbol le quedan?

NOMBRE   FECHA

¿Cuántas tarjetas, latas y monedas de 1¢ hay?

3 Los estudiantes de segundo grado reúnen latas para reciclar. Una clase reunió 17 latas. La otra, 16 latas. ¿Cuántas latas tienen hasta ahora?

4 Kira puso 31 monedas de 1¢ en un frasco. Jake añadió 31 monedas de 1¢ más. ¿Cuántas monedas de 1¢ hay en el frasco?

Peces y tiburones

Resuelve los problemas y muestra tu trabajo.
Escribe una ecuación.

1 Franco y Kira fueron al acuario.
Franco contó 16 peces azules.
Kira contó 14 peces amarillos.
¿Cuántos peces contaron en total?

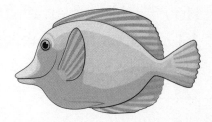

2 En la pecera, Kira contó 13 tiburones
y Franco contó 13 más. ¿Cuántos
tiburones contaron en total?

NOTA

Los estudiantes resuelven un problema-cuento con una combinación de dos cantidades.
TMI Un problema-cuento de suma con pegatinas

NOMBRE   FECHA

Pájaros en el árbol

Resuelve el problema y muestra tu trabajo.
Escribe una ecuación.

Hay 7 pájaros en el árbol.
13 pájaros más vuelan hasta el árbol.
¿Cuántos pájaros hay en total?

NOTA

Los estudiantes resuelven un problema-cuento con una combinación de dos cantidades.
TMI **Un problema-cuento de suma con pegatinas**

ACTIVIDAD

NOMBRE

FECHA

(PÁGINA 1 DE 2)

¿Cuántas rocas y canicas hay?

Resuelve los problemas y muestra tu trabajo.
Escribe una ecuación.

1   Jake y Sally reunían rocas.
Jake halló 16 rocas y Sally halló
24 más. ¿Cuántas rocas reunieron
los niños?

2   Jake y Sally reunían rocas.
Jake halló 26 rocas y Sally halló
24 más. ¿Cuántas rocas reunieron
los niños?

UNIDAD 1 | 75 | SESIÓN 4.3

© Pearson Education 2

¿Cuántas rocas y canicas hay?

3 Kira tenía 35 canicas en su bolsa.
Le dio 12 canicas a Franco. ¿Cuántas canicas
le quedaron en su bolsa?

4 Franco tenía 27 canicas en su frasco.
Añadió 14 canicas más. ¿Cuántas canicas
tiene ahora?

NOMBRE _____   FECHA _____

Recolección de manzanas y pastel de manzanas

Resuelve los problemas y muestra tu trabajo.
Escribe una ecuación.

1 Jake y Sally fueron a recolectar manzanas.
Jake recolectó 8 manzanas.
Sally recolectó 15 manzanas.
¿Cuántas manzanas recolectaron Jake y Sally?

2 Kira y Franco tenían 25 manzanas.
Usaron 6 para hacer un pastel.
¿Cuántas manzanas tienen ahora?

NOTA

Los estudiantes practican cómo resolver problemas-cuento de suma y resta.
TMI Un problema-cuento de resta: Regalar tarjetas de beisbol

© Pearson Education 2

Monedas, rocas y caracoles

Resuelve los problemas y muestra tu trabajo.
Escribe una ecuación.

1 Kira tenía 30 monedas de 1¢ en su alcancía.
Gastó 19 monedas en la tienda.
¿Cuántas monedas de 1¢ le quedaron a Kira?

2 Kira tenía 30 monedas de 1¢ en su alcancía.
Gastó 9 monedas en la tienda.
¿Cuántas monedas de 1¢ le quedaron a Kira?

Monedas, rocas y caracoles

3 Kira y Jake reunían rocas. Kira halló
12 rocas y Jake halló 24 más.
¿Cuántas rocas reunieron en total?

4 Sally tenía 18 caracoles en su cubeta.
Añadió 25 caracoles más.
¿Cuántos caracoles tiene ahora?

NOMBRE _____ FECHA _____

La hora: Media hora

1 Lee cada reloj y escribe la hora.

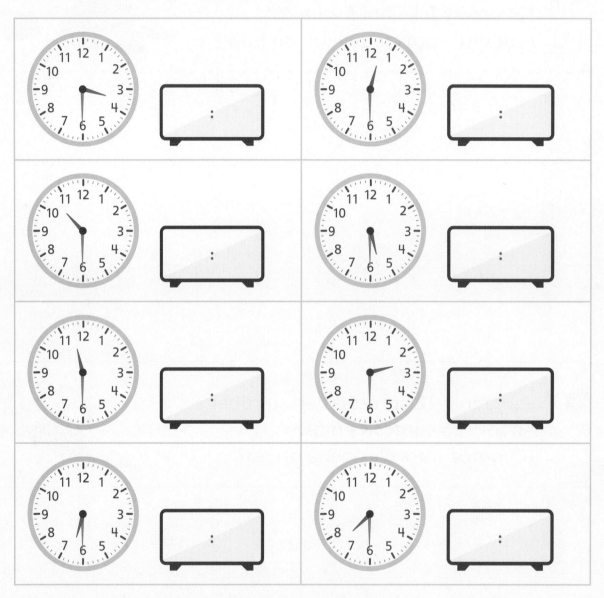

2 ¿En qué se parecen todos estos relojes?
¿Por qué? (Pista: Mira la manecilla grande).

NOTA

Los estudiantes practican cómo decir la hora a la media hora.
TMI **Decir la hora a la media hora**

¿Cuántos patos hay?

Resuelve el problema y muestra tu trabajo.
Escribe una ecuación.

Ayer, Sally fue al parque.
Vio 19 patos en el aire y 14 patos
en el estanque.
¿Cuántos patos vio en total?

NOTA

Los estudiantes practican cómo resolver un problema con una combinación de dos cantidades.

TMI **Un problema-cuento de suma sobre niños**

NOMBRE FECHA

Número del día: 18

El número del día es <u>18</u>.

$$10 + 8$$
$$10 + 4 + 4$$
$$20 - 2$$

1 Muestra diferentes maneras de formar el número del día.

2 Escribe el número <u>18</u> en palabras. _____

NOMBRE   FECHA

¿Cuántos niños hay?

Resuelve los problemas y muestra tu trabajo.
Escribe una ecuación.

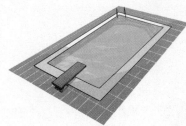

1 Había 28 niños en la piscina. A la hora del almuerzo, 11 niños salieron de la piscina. ¿Cuántos niños quedaron en la piscina?

2 La Srta. Walter tiene 20 niños en su clase. El lunes, 9 niños estuvieron ausentes. ¿Cuántos niños había en la clase?

Repaso continuo

3 ¿Qué número es 10 **más** que 21 y 10 **menos** que 41?

Ⓐ 40   Ⓑ 31   Ⓒ 30   Ⓓ 22

NOTA

Los estudiantes resuelven problemas-cuento que incluyen quitar una cantidad a otra.
TMI **Un problema-cuento de resta: Regalar pegatinas**

Atributos de las figuras y partes de un entero

Atributos de las figuras
y partes de un entero

NOMBRE _____   FECHA _____

Contar monedas

¿Cuántos centavos valen estas monedas?

1

_____ centavos

2

_____ centavos

3

_____ centavos

4

_____ centavos

5

_____ centavos

6

_____ centavos

NOTA

Los estudiantes practican cómo determinar equivalencias entre monedas.
TMI Dinero

Las matemáticas en esta unidad

Estimada familia:

Nuestra clase va a comenzar una nueva unidad de matemáticas llamada *Atributos de las figuras y partes de un entero*. En esta unidad, los estudiantes se enfocarán en geometría bidimensional y tridimensional y además en conceptos básicos sobre fracciones. Los estudiantes identificarán figuras bidimensionales y tridimensionales, aprenderán sobre matrices rectangulares y la división de cuadrados, rectángulos y círculos en partes iguales.

A lo largo de esta unidad, los estudiantes trabajarán para cumplir los siguientes objetivos:

Puntos de referencia/ Objetivos	Ejemplos
Dibujar figuras bidimensionales y tridimensionales e identificar sus atributos.	6 lados 4 lados, 4 ángulos rectos 6 caras cuadradas
Formar un rectángulo a partir de cuadrados y describirlo.	2 filas 6 en cada fila

Las matemáticas en esta unidad

Puntos de referencia/ Objetivos	Ejemplos
Dividir figuras bidimensionales en medios, tercios y cuartos.	
Reconocer que [las mitades] de un mismo entero pueden tener diferentes formas.	Ambos muestran mitades.

En nuestra clase, los estudiantes hacen problemas y actividades de matemáticas. A menudo, se les pide que comenten su razonamiento sobre un problema dado. Es importante que los estudiantes resuelvan problemas de matemáticas correctamente de la manera que prefieran. En su casa, pida a su hijo(a) que le explique la manera en que está pensando. En las próximas semanas, recibirá más información sobre esta unidad así como actividades sugeridas para hacer en casa.

© Pearson Education 2

NOMBRE   FECHA

Dibujar *Geoblocks*

Escoge 3 o 4 *Geoblocks*. Construye una estructura.
Dibuja tu estructura de *Geoblocks*.

© Pearson Education **2**

NOMBRE   FECHA

El juego de parejas

Empareja el bloque tridimensional con la cara bidimensional.

 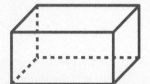

Repaso continuo

5 ¿Qué reloj marca la 1:30?

Ⓐ   Ⓑ   Ⓒ    Ⓓ

NOTA

Los estudiantes practican cómo identificar las caras bidimensionales de figuras tridimensionales.
TMI Atributos de las figuras tridimensionales: Caras, aristas y vértices

Colección de hojas

Kira y Franco reunieron hojas.
Kira reunió 12 hojas y Franco reunió 13.
¿Cuántas hojas reunieron en total?

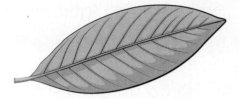

Resuelve el problema y muestra tu trabajo.
Escribe una ecuación.

NOTA

Los estudiantes resuelven un problema-cuento sobre combinar dos cantidades.
TMI **Problemas-cuento de suma con pegatinas**

NOMBRE   FECHA

La figura de una cara

Halla objetos tridimensionales (3-D) en tu casa
que tengan estas figuras como una de sus caras.
Haz un dibujo del objeto y muestra esa cara. Para
el último objeto, escoge la figura que quieras
mostrar.

Cara	Objeto tridimensional
(cuadrado)	
(rectángulo)	
(círculo)	
(triángulo)	

NOTA

Los estudiantes identificaron caras bidimensionales en figuras tridimensionales. Los estudiantes hallan figuras tridimensionales en casa con determinadas caras bidimensionales.

TMI Geometría y figuras en el mundo

ACTIVIDAD

NOMBRE   FECHA

Trazar una cara

Traza dos caras de un *Geoblock*.
Intercámbialas con un compañero
y vean si pueden identificar el bloque.

Cara 1

Cara 2

UNIDAD 2 | 95 | SESIÓN 1.4   © Pearson Education 2

NOMBRE   FECHA

Práctica con dobles

Imagina que estás jugando *Duplícalo*. Debajo están las tarjetas que tomaste. Halla cada doble. Escribe una ecuación.

Ejemplo:

$8 + 8 = 16$

1 3

2 1

3 6

4 7

5 9

6 4

NOTA

Los estudiantes practican las operaciones con dobles.
TMI **Aprender operaciones de suma: Operaciones con dobles**

NOMBRE _____ FECHA _____

Número del día: 16

El número del día es <u>16</u>.

1 Encierra en un círculo todos los problemas que son iguales al número del día.

$19 - 2$	$8 + 8$
$5 + 5 + 6$	$20 - 4$
$4 + 4 + 4 + 4$	$4 + 9$
$16 + 3$	$10 + 6$
$2 + 14$	$8 + 2 + 3 + 3$

2 Escribe el número 16 en palabras. _____

NOTA

Los estudiantes identifican expresiones que son iguales al número 16.

TMI Ecuaciones y expresiones equivalentes

_____ NOMBRE _____   _____ FECHA _____

Pegatinas para la clase

Hay 23 estudiantes en la clase del Sr. Z. El Sr. Z tiene
19 pegatinas.
El Sr. Z quiere darle 1 pegatina a cada estudiante.

1	¿Hay suficientes para toda la clase?	SÍ NO
2	¿Sobran pegatinas? ¿Cuántas? _____	SÍ NO
3	¿Necesita el Sr. Z más pegatinas? ¿Cuántas? _____	SÍ NO
4	¿Cómo lo calculaste? Muestra tu trabajo.	

NOTA

Los estudiantes determinan si hay suficientes objetos para cada persona. Luego, calculan cuántos
sobran o cuántos más se necesitan.

TMI **Suficientes para toda la clase**

Actividades relacionadas para hacer en casa

Estimada familia:

Las actividades sugeridas a continuación se relacionan con los conceptos matemáticos de geometría y fracciones que estamos estudiando en la unidad *Atributos de las figuras y partes de un entero*. Puede usar las actividades para enriquecer la experiencia de aprendizaje matemático de su hijo(a).

Figuras del entorno Busca diferentes figuras alrededor de tu casa o en tu vecindario. ¿Qué formas tienen las puertas y las ventanas? ¿Puedes ver figuras dentro de otras figuras, tal como los paños de una ventana? ¿Qué forma tienen los carteles de la calle cuando caminas o vas en carro a la escuela? ¿Qué figuras puedes hallar en la cocina?

Formar figuras Forme figuras cortando un papel. Recortes de papel o papel de periódico pueden servir. Recorte una variedad de figuras (cuadrados, rectángulos, triángulos, círculos y hexágonos) para que su hijo(a) las pegue sobre un dibujo de fondo. Tal vez pueden crear un cartel familiar y añadir más figuras con el tiempo.

Banderas y fracciones Las banderas de muchas naciones y las banderas náuticas están divididas en partes fraccionarias, tales como medios, tercios o cuartos. Usted y su hijo(a) pueden buscar banderas en libros y en el vecindario. Pueden hallar imágenes de banderas en una enciclopedia, en un atlas, en libros sobre banderas (vea la página 2) o en un sitio Web sobre este tema. Busque banderas que estén divididas en partes fraccionarias con claridad y luego haga preguntas tales como: "¿Cuánto de esta bandera es azul?", "¿De qué color es la mitad de la bandera?" y "¿Está la bandera dividida en mitades o tercios?". Su hijo(a) puede dibujar las banderas en un papel cuadriculado, colorearlas y rotular las partes fraccionarias.

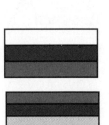

Actividades relacionadas para hacer en casa

Dividir en partes iguales Su hijo(a) puede practicar cómo dividir un objeto en partes iguales. Proponga a su hijo(a): "Vamos a cortar tu sándwich en mitades. ¿De cuántas maneras diferentes puedes cortar el sándwich en dos partes iguales?" y "¿Podemos cortar este pan de maíz en tercios? ... ¿Y en cuartos?".

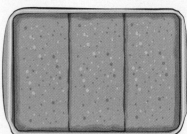

Matemáticas y literatura

Aquí le sugerimos algunos libros infantiles relacionados con ideas sobre geometría y fracciones. Puede hallar la mayoría en su escuela o en la biblioteca local.

Barchers, Suzanne. *Formemos figuras.*

Haas, Kristin. *Los bebés de la familia geométrica.*

Kassirer, Sue. *La feria musical de matemáticas.*

King, Andrew. *Fracciones.*

Penner, Lucille Recht. *¡A limpiar el campamento!*

Tuxworth, Nicola. *Mira las formas.*

Wall, Julia. *Las figuras en el arte.*

Way, Steve y Felicia Law. *Partes y todo.*

Way, Steve y Felicia Law. *Para ti, para mí.*

NOMBRE   FECHA

Más de dos para formar 10

¿Qué tarjeta necesitas para formar 10?

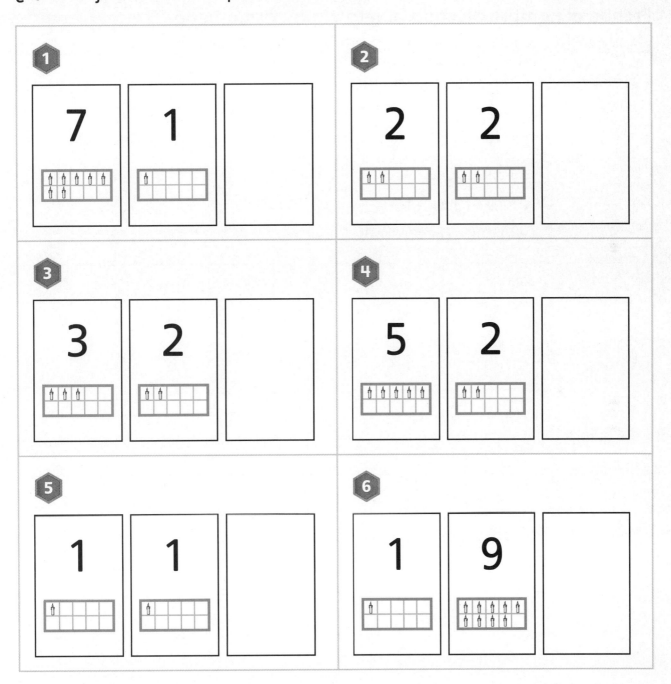

NOTA

A partir de dos números dados, los estudiantes determinan el número que necesitan sumar para llegar a un total de 10.

TMI Sumar hasta 20

Figuras en casa

Dibuja al menos 5 figuras que halles en tu casa.
Escribe el nombre de cada objeto y qué forma tiene.

Ejemplo:	
Una puerta tiene forma de rectángulo.	

NOTA

Los estudiantes identificaron y trabajaron con diferentes tipos de figuras bidimensionales y tridimensionales. Los estudiantes identifican figuras en su casa, las dibujan y anotan sus nombres.

TMI **Geometría y figuras en el mundo**

Adivinanzas con rectángulos

Usa fichas de colores para resolver cada adivinanza.
Dibuja tu solución.

1 Este rectángulo tiene 5 filas. Tiene 25 fichas.

2 Este rectángulo tiene 3 filas.
Hay 7 fichas en cada una.

3 Este rectángulo tiene 11 fichas.

Adivinanzas con rectángulos

Usa fichas de colores para resolver cada adivinanza.
Dibuja tu solución.

4   Este rectángulo tiene 3 columnas y 3 filas.

5   Este rectángulo tiene 15 fichas. Tiene 3 columnas.

6   Escribe tu propia adivinanza con rectángulos.

_____

_____

_____

NOMBRE   FECHA

Secuencia de números

1 Resuelve estos problemas. Completa los totales en la siguiente tabla de 100.

$9 + 9 =$ _____ $0 + 1 =$ _____ $1 + 6 =$ _____

$9 + 2 =$ _____ $9 + 1 =$ _____ $3 + 1 =$ _____

$10 + 10 =$ _____ $3 + 3 =$ _____ $8 + 8 =$ _____

$7 + 7 =$ _____ $2 + 7 =$ _____ $6 + 6 =$ _____

2 Completa los otros números que faltan en la tabla de 100.

	2	3		5			8		
				15		17		19	
21	22	23	24		26	27		29	30
			34	35	36	37	38		40
41	42		44		46		48	49	
	52	53	54	55	56				60
61	62	63		65		67	68	69	70
71			74	75	76	77	78	79	80
	82		84	85	86	87	88	89	90
91	92	93	94	95	96	97		99	

NOTA

Los estudiantes practican "Operaciones con más 1", "Operaciones con más dos", "Operaciones con dobles" y secuencias de números del 1 al 100.

TMI Aprender operaciones de suma: Operaciones con dobles; Operaciones con más 1; Operaciones con más 2

Identificar diferentes tipos de cuadriláteros

Colorea de **azul** las figuras que tienen 4 lados y
4 ángulos rectos. Colorea de **rojo** las figuras que tienen
4 lados, pero no 4 ángulos rectos.

NOTA

Los estudiantes clasifican figuras en dos categorías: "4 lados y 4 ángulos rectos" y "4 lados pero no 4 ángulos rectos". Los estudiantes identifican estos grupos de figuras y los colorean de azul o de rojo.

TMI Cuadriláteros: Figuras con 4 lados

PRÁCTICA DIARIA

El especialista en adivinanzas de rectángulos

Dibuja el rectángulo que resuelve la adivinanza.

1 Tengo 4 filas y 6 columnas.

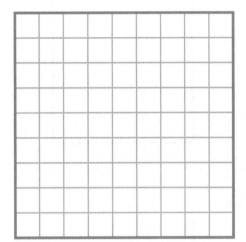

2 Tengo 15 cuadrados y 3 filas.

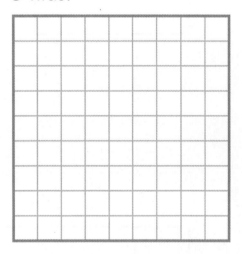

3 Tengo 6 filas y 5 columnas.

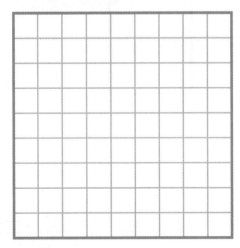

4 Tengo 18 cuadrados y 6 columnas.

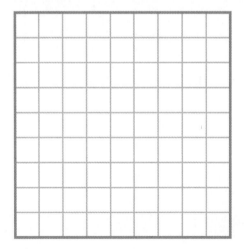

NOTA

Los estudiantes practican cómo dibujar rectángulos a partir de información dada sobre la cantidad de filas y columnas.

TMI Matrices rectangulares

Rectángulos: Filas y columnas

Forma filas y columnas en cada rectángulo.

1 2 filas y 2 columnas

2 5 filas y 4 columnas

3 4 filas y 2 columnas

4 6 filas y 1 columna

NOTA

Los estudiantes dividen un rectángulo en filas y columnas.
TMI Matrices rectangulares

TAREA

Construir rectángulos

Recorta las fichas cuadradas de Construir rectángulos (S27).

Usa las fichas para formar rectángulos.

Para cada problema, dibuja todos los rectángulos que formaste con esa cantidad de fichas.

Usa **2** fichas.	Usa **3** fichas.
Usa **4** fichas.	Usa **5** fichas.

NOTA

En la clase de hoy, los estudiantes usaron fichas cuadradas para formar rectángulos de diferente tamaño. Hoy por la noche, los estudiantes trabajarán en una actividad similar.

TMI Rectángulos y cuadrados

Construir rectángulos

Usa las fichas que ya recortaste para formar rectángulos.
Para cada problema, dibuja todos los rectángulos que
formaste con esa cantidad de fichas.

Usa **6** fichas.	Usa **7** fichas.
Usa **8** fichas.	Usa **9** fichas.

Construir rectángulos

Usa las fichas que ya recortaste para formar rectángulos.
Para cada problema, dibuja todos los rectángulos que
formaste con esa cantidad de fichas.

Usa **10** fichas.

Usa **11** fichas.

Usa **12** fichas.

© Pearson Education **2**

NOMBRE

FECHA

Problema doble

Mira cada problema. Si la respuesta es incorrecta, márcala con una *X* y escribe la respuesta correcta.

Ejemplo: 2 + 2 = X̶ 4

1 $4 + 4 = 10$	**2** $5 + 5 = 10$
3 $6 + 6 = 11$	**4** $9 + 9 = 16$
5 $7 + 7 = 15$	**6** $3 + 3 = 5$
7 $8 + 8 = 14$	**8** $10 + 10 = 20$

Repaso continuo

9 Jake tiene 12 mascotas. Algunas son gatos y otras son perros. Tiene 6 gatos. ¿Cuántos perros tiene Jake?

Ⓐ 4   Ⓒ 6

Ⓑ 7   Ⓓ 5

NOTA

Los estudiantes practican las "operaciones con dobles".
TMI Aprender operaciones de suma: Operaciones con dobles

NOMBRE   FECHA

Linda y Ebony comparten todo

Linda y Ebony son gemelas que comparten todo por igual.

1 La mamá les dio a Linda y a Ebony un sándwich.

Dibuja una línea recta para mostrar qué parte recibió Linda y qué parte recibió Ebony.

Colorea de rojo la mitad de Linda. Colorea de azul la mitad de Ebony.

2 Linda y Ebony hicieron un banderín para su habitación.

Dibuja una línea recta para dividirlo por la mitad.

Linda pintó su mitad roja y Ebony pintó su mitad azul.

Colorea de rojo la mitad de Linda. Colorea de azul la mitad de Ebony.

Linda y Ebony comparten todo

3 La abuela les dio a Linda y a Ebony un corazón de chocolate.

Dibuja una línea recta para mostrar qué parte recibió Linda y qué parte recibió Ebony.

Colorea de rojo la mitad de Linda. Colorea de azul la mitad de Ebony.

4 Su abuelo les regaló una alfombra hexagonal.

Dibuja una línea recta para dividirla por la mitad.

Una mitad de la alfombra es roja y la otra es azul.

Colorea de rojo la mitad de Linda. Colorea de azul la mitad de Ebony.

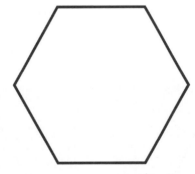

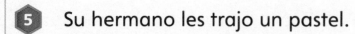

Linda y Ebony comparten todo

5 Su hermano les trajo un pastel.

Dibuja una línea recta para mostrar qué parte recibió Linda y qué parte recibió Ebony.

Colorea de rojo la mitad de Linda. Colorea de azul la mitad de Ebony.

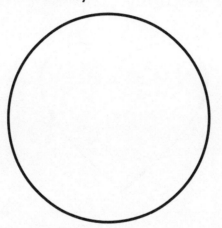

6 Su tío les regaló una galleta enorme.

Dibuja una línea recta para mostrar qué parte recibió Linda y qué parte recibió Ebony.

Colorea de rojo la mitad de Linda. Colorea de azul la mitad de Ebony.

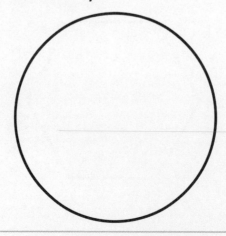

NOMBRE   FECHA

¿Cuántos hay?

Hay 22 estudiantes en la clase del Sr. G.
Él tiene 48 globos.

El Sr. G quiere darle 2 globos a cada estudiante.

1	¿Recibirá cada estudiante 2 globos?	SÍ	NO
2	¿Sobra algún globo?	SÍ	NO
3	¿Cuántos globos le quedarán al Sr. G o cuántos globos más necesitará? Muestra tu trabajo.		

NOTA

Los estudiantes usan lo que saben sobre grupos de 2 para resolver un problema-cuento.
TMI Contar de 2 en 2, de 5 en 5 y de 10 en 10

Construir el *Geoblock*

1 Usa dos *Geoblocks* iguales para construir este bloque.

¿Es cada parte la mitad? _____

2 Usa dos *Geoblocks* iguales para construir este bloque.

¿Es cada parte la mitad? _____

3 Usa dos *Geoblocks* iguales para construir este bloque.

¿Es cada parte la mitad? _____

Construir el *Geoblock*

4 Usa dos *Geoblocks* iguales para construir este bloque.

¿Es cada parte la mitad? _____

5 Usa dos *Geoblocks* iguales para construir este bloque.

¿Es cada parte la mitad? _____

6 Usa dos *Geoblocks* iguales para construir este bloque.

¿Es cada parte la mitad? _____

NOMBRE   FECHA

¿Cuántas mitades hay?

Dibuja una línea recta para dividir cada
figura en mitades de igual tamaño y forma.

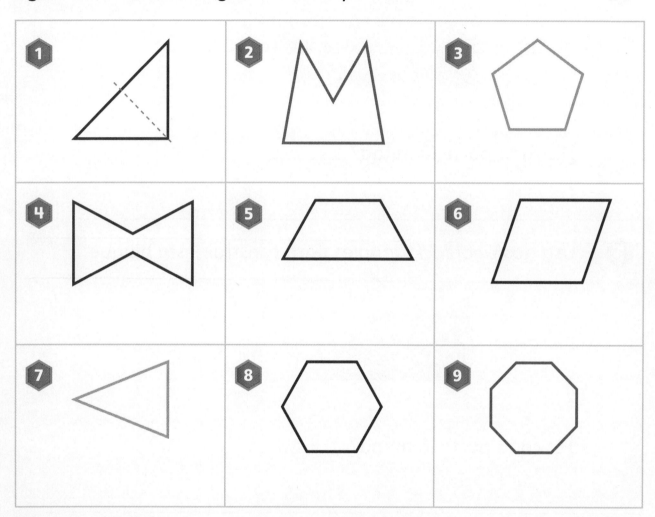

Repaso continuo

10 ¿Cuál **no** muestra una manera de formar 15?

Ⓐ $5 + 10$ Ⓒ $6 + 6 + 3$

Ⓑ $6 + 9$ Ⓓ $6 + 6 + 4$

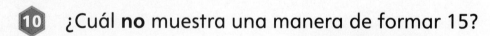

NOTA

Los estudiantes dibujan líneas rectas para determinar la cantidad de maneras en las que pueden dividir
cada una de las figuras bidimensionales en mitades iguales.
TMI Una mitad

Mitades y no mitades de rectángulos

Coloca la pieza de la figura en el rectángulo
y dibuja una línea para marcarla. Rotula esa
parte con la letra de la figura. Luego, sombrea
las partes del rectángulo con diferentes colores
y responde a las preguntas.

1   Usa la Pieza A aquí.   ¿Es la Pieza A la mitad de
este rectángulo? _____

¿Qué parte es más grande? ¿O son
las 2 partes iguales? _____

_____

2   Usa la Pieza B aquí.   ¿Es la Pieza B la mitad de
este rectángulo? _____

¿Qué parte es más grande? ¿O son
las 2 partes iguales? _____

_____

3   Usa la Pieza C aquí.   ¿Es la Pieza C la mitad de este
rectángulo? _____

¿Qué parte es más grande? ¿O son
las 2 partes iguales? _____

_____

Mitades y no mitades de rectángulos

4 Usa la Pieza D aquí.

¿Es la Pieza D la mitad de este rectángulo? _____

¿Qué parte es más grande? ¿O son las 2 partes iguales? _____

_____

5 Usa la Pieza E aquí.

¿Es la Pieza E la mitad de este rectángulo? _____

¿Qué parte es más grande? ¿O son las 2 partes iguales? _____

_____

6 Usa la Pieza F aquí.

¿Es la Pieza F la mitad de este rectángulo? _____

¿Qué parte es más grande? ¿O son las 2 partes iguales? _____

_____

Mitades en los *Geoboards*

1 Forma cada una de estas figuras en tu *Geoboard*.

2 Dibuja una línea recta en cada una para mostrar las dos mitades de la figura.

3 Muestra tu figura a un compañero y vean si están de acuerdo en que está dividida por la mitad.

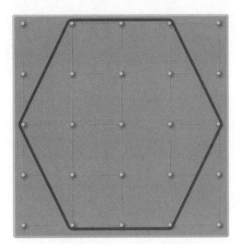

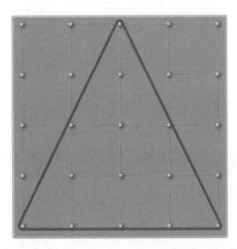

Mitades en los *Geoboards*

1 Forma cada una de estas figuras en tu *Geoboard*.

2 Dibuja una línea recta en cada una para mostrar las dos mitades de la figura.

3 Muestra tu figura a un compañero y vean si están de acuerdo en que está dividida por la mitad.

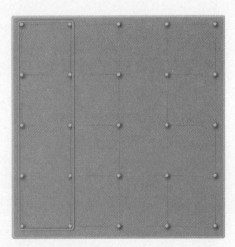

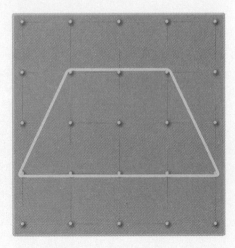

Mitades en los *Geoboards*

1 Forma cada una de estas figuras en tu *Geoboard*.

2 Dibuja una línea recta en cada una para mostrar las dos mitades de la figura.

3 Muestra tu figura a un compañero y vean si están de acuerdo en que está dividida por la mitad.

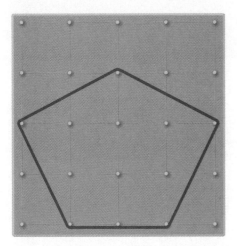

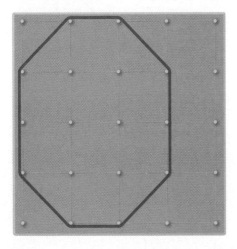

Mitades en los *Geoboards*

1 Forma cada una de estas figuras en tu *Geoboard*.

2 Dibuja una línea recta en cada una para mostrar las dos mitades de la figura.

3 Muestra tu figura a un compañero y vean si están de acuerdo en que está dividida por la mitad.

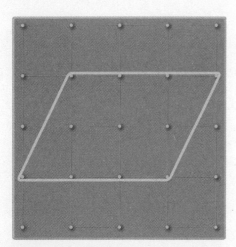

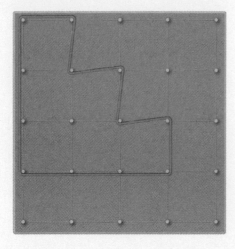

NOMBRE _____ FECHA _____

Mitades y no mitades

Colorea la figura si está dividida por la mitad.

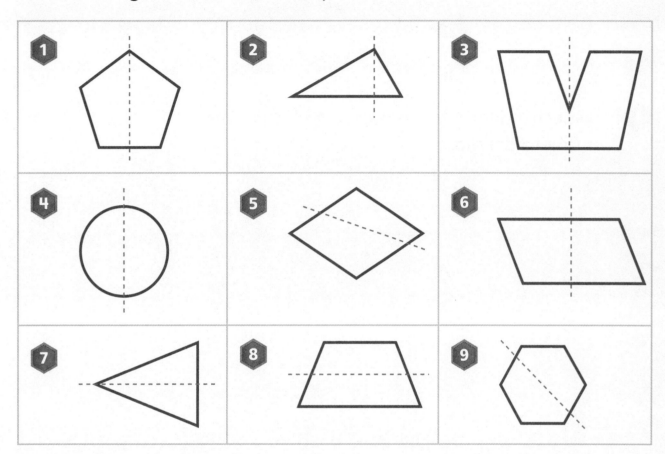

Repaso continuo

10 ¿Qué ecuación describe los grupos de puntos?

Ⓐ $5 + 5 = 10$

Ⓒ $5 + 6 = 11$

Ⓑ $2 + 5 = 7$

Ⓓ $4 + 4 = 8$

NOTA

Los estudiantes determinan qué figuras tienen una línea recta que las divide por la mitad.

TMI **Partes iguales de un entero**

NOMBRE _____   FECHA _____

Número del día: 29

El número del día es <u>29</u>.

$$20 + 9$$

$$30 - 1$$

1 Muestra diferentes maneras de formar el número del día.

2 Escribe el número 29 en palabras. _____

Círculos: Mitad y mitad

1 Dibuja una línea recta para dividir el círculo por la mitad.

2 Colorea la mitad del círculo.

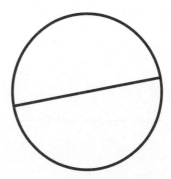

3 Mira los círculos.

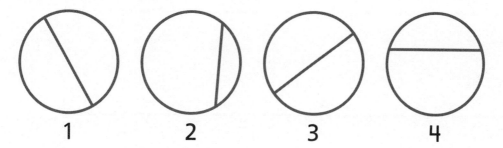

1   2   3   4

a. ¿Qué círculos están cortados por la mitad? _____

b. ¿Qué círculos **no** están cortados por la mitad? _____

c. Explica cómo sabes qué círculos están cortados por la mitad y cuáles no.

_____

_____

NOTA

Los estudiantes dibujan e identifican mitades de círculos.
TMI Una mitad

Banderas fraccionarias

Colorea cada parte de la bandera con un color diferente.

Rotula cada parte de la bandera con:

un medio

un tercio

un cuarto

Bandera 1

Bandera 2

Bandera 3

Banderas fraccionarias

Colorea cada parte de la bandera con un color diferente.

Rotula cada parte de la bandera con:

un medio

un tercio

un cuarto

Bandera 4

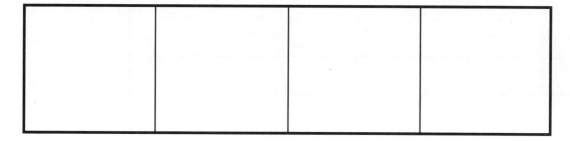

Bandera 5

Bandera 6

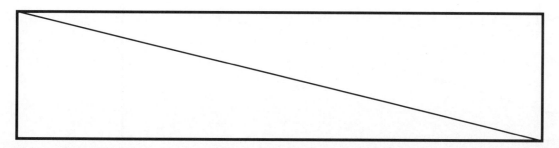

Banderas fraccionarias

Colorea cada parte de la bandera con un color diferente.
Rotula cada parte de la bandera con:
un medio
un tercio
un cuarto

Bandera 7

Bandera 8

Bandera 9

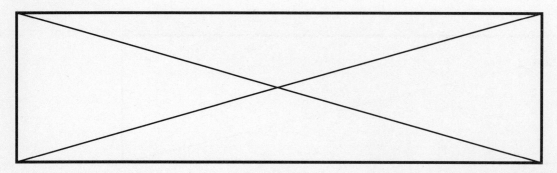

Banderas fraccionarias

Colorea cada parte de la bandera con un color diferente.
Rotula cada parte de la bandera con:
un medio
un tercio
un cuarto

Bandera 10

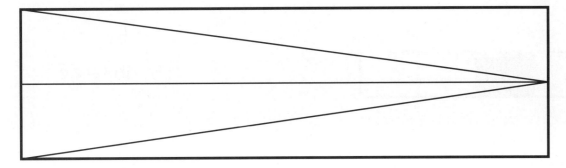

Bandera 11

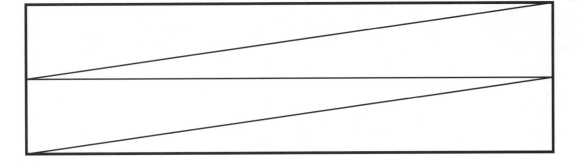

Bandera 12

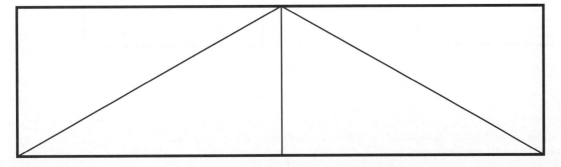

NOMBRE   FECHA

Emparejar fracciones

Empareja la imagen con la fracción.

 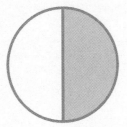   **A.** un cuarto

    **B.** un tercio

3    **C.** un medio

Divide cada rectángulo en cuartos de diferentes maneras.

4    **5**

NOTA

Los estudiantes emparejan la fracción correcta con la imagen de la fracción.
TMI **Partes iguales de un entero**

NOMBRE   FECHA

Diferentes figuras: Medios y cuartos

1 Halla tres maneras diferentes de dividir estos cuadrados en cuartos.

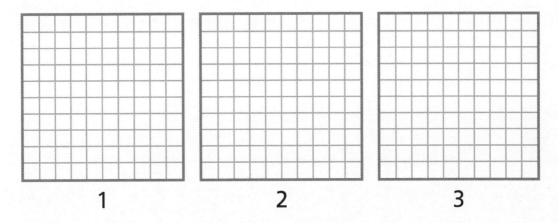

1   2   3

2 En el Cuadrado 1, colorea un medio de rojo.

¿Qué fracción del cuadrado **no** está coloreada? _____

3 En el Cuadrado 2, colorea un medio de verde y un cuarto de azul.

¿Qué fracción del cuadrado **no** está coloreada? _____

4 Colorea de amarillo el Cuadrado 3 entero.

¿Cuántos cuartos están coloreados? _____

NOTA _____

Los estudiantes dividen las figuras en partes iguales.
TMI **Un cuarto; Más de un cuarto**

Más fracciones

Diseña tu propia bandera con diferentes colores.
Luego, escribe qué fracción de la bandera
muestra cada color.

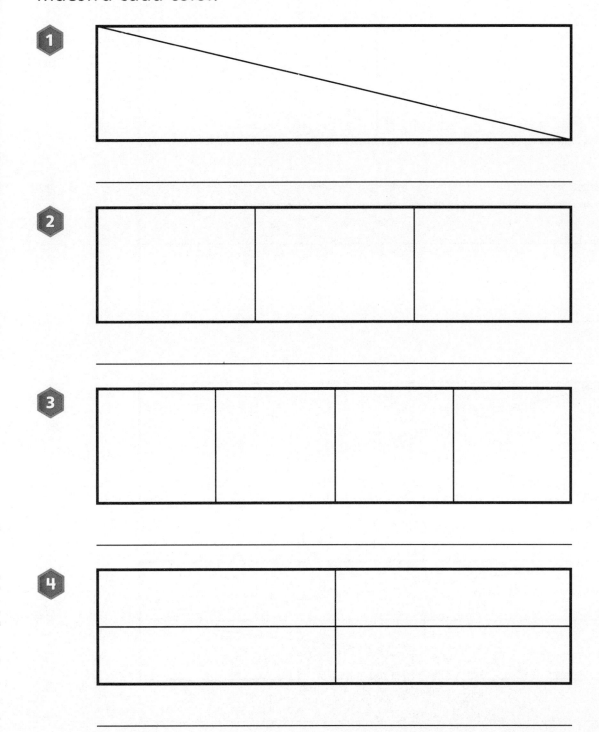

1

_____

2

_____

3

_____

4

_____

Más fracciones

Diseña tu propia bandera con diferentes colores.
Luego, escribe qué fracción de la bandera
muestra cada color.

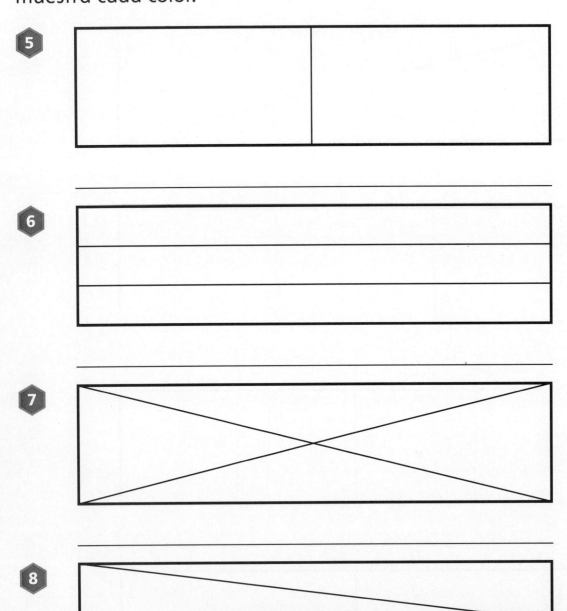

5

6

7

8

Más fracciones

Diseña tu propia bandera con diferentes colores.
Luego, escribe qué fracción de la bandera
muestra cada color.

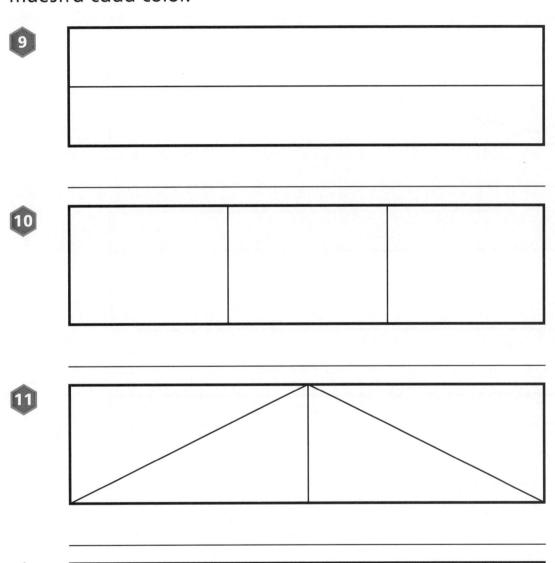

9

10

11

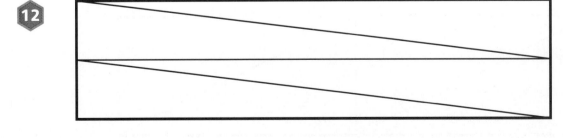

12

Más fracciones

Diseña tu propia bandera con diferentes colores.
Luego, escribe qué fracción de la bandera
muestra cada color.

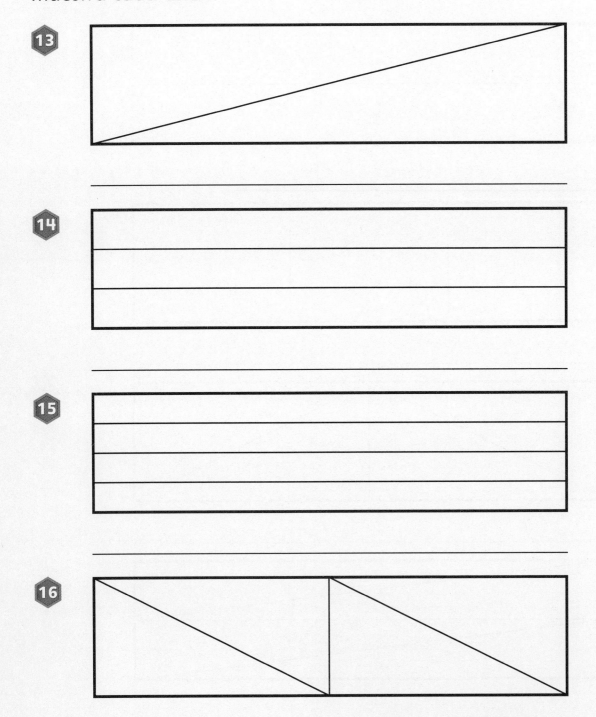

13

14

15

16

NOMBRE | FECHA

¡A colorear!

En cada recuadro, muestra 2 maneras de dibujar cuartos.

 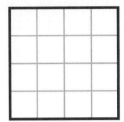

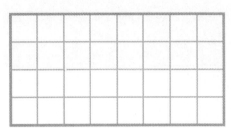

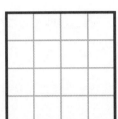

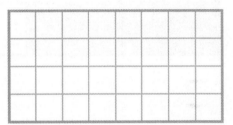

Muestra 2 maneras de dibujar tercios.

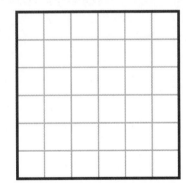 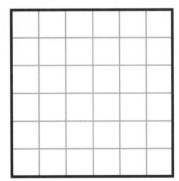

NOTA

Los estudiantes usan colores para mostrar cuartos y tercios.

TMI **Un cuarto; Un tercio**

Emparejar fracciones 2

Empareja la fracción con la imagen.

    **A.** un tercio

    **B.** un cuarto

    **C.** un medio

       D. dos tercios

    **E.** tres cuartos

---

NOTA

Los estudiantes emparejan la fracción correcta con la imagen de la fracción.

TMI **Un tercio; Más de un tercio**

Pizzas fraccionarias

1   Usa el nombre de una fracción para rotular cada parte de la pizza.

Colorea una parte de rojo.

Colorea una parte de azul.

Colorea una parte de verde.

a. ¿Qué fracción de la pizza es roja? _____

b. ¿Qué fracción de la pizza es azul? _____

c. ¿Qué fracción de la pizza es verde? _____

2   Encierra en un círculo la pizza que está cortada en tercios.

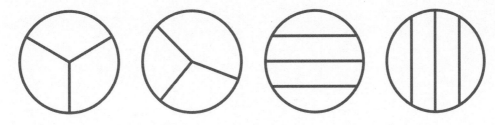

Explica por qué crees que la pizza está cortada en tercios.

_____

_____

_____

_____

NOTA

Los estudiantes usan lo que saben sobre fracciones para responder a preguntas.
TMI Un tercio

Fracciones a nuestro alrededor

1 Jake prepara un sándwich de queso tostado.
Sus tres hermanos quieren probarlo.
Dibuja líneas rectas que muestren cómo Jake
corta el sándwich para dividirlo en partes
iguales para todos sus hermanos.

2 Linda y Ebony cortaron un pastel.

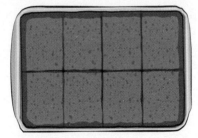

¿Está el pastel cortado en tercios, cuartos
u octavos? _____

NOTA

Los estudiantes identifican fracciones en objetos de la vida diaria.
TMI Partes iguales de un entero

Fracciones a nuestro alrededor

3 La clase de Kira ordena 6 pizzas para el almuerzo. Al final, sobran 2 pizzas enteras y media pizza más. Colorea toda la pizza que sobra.

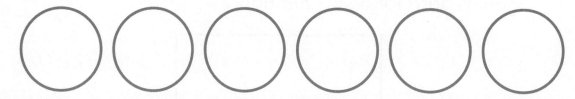

4 ¿Cuánta pizza comió la clase?
Explica cómo lo sabes.

_____

_____

_____

_____

¿Cuántas pegatinas?
¿Cuántos centavos?

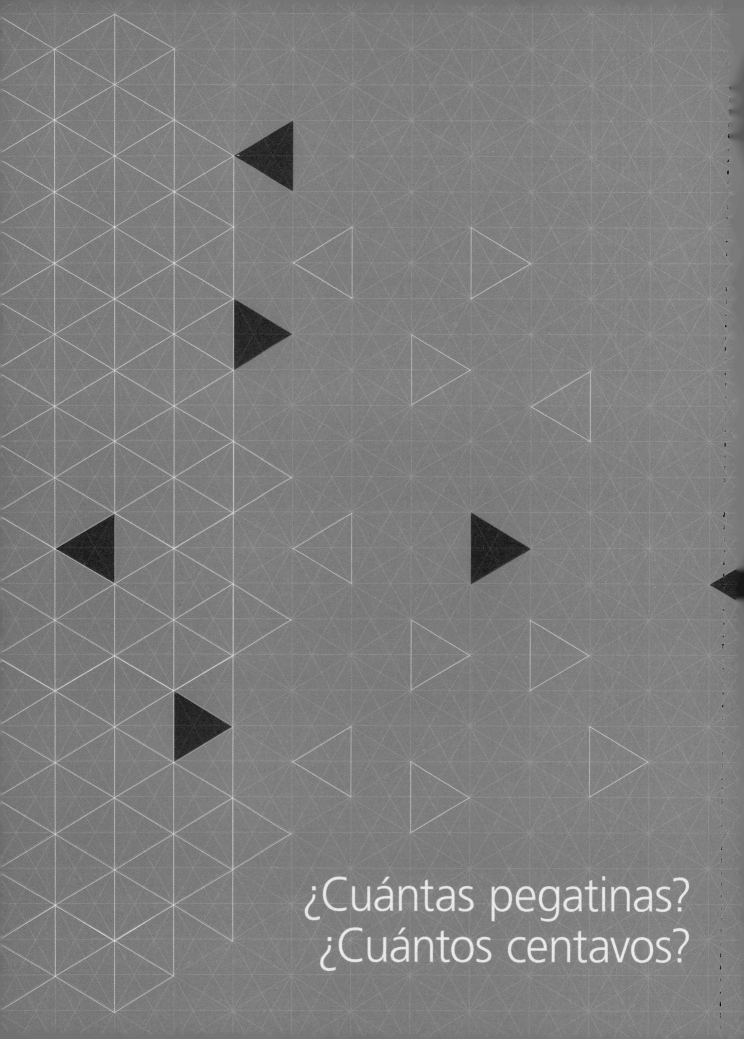

¿Cuántas pegatinas?
¿Cuántos centavos?

Practicar las operaciones

Escoge 6 operaciones que te resulten difíciles de recordar. Escríbelas en las tarjetas en blanco.

$$13 \boxed{-} 6 = 7$$

Pista: $12 - 6 = 6$

Usa algo que sepas para escribir una pista.
Practica con alguien en casa.

_____ □ _____ = _____ Pista: _____	_____ □ _____ = _____ Pista: _____
_____ □ _____ = _____ Pista: _____	_____ □ _____ = _____ Pista: _____
_____ □ _____ = _____ Pista: _____	_____ □ _____ = _____ Pista: _____

¿Cuántas pegatinas hay?

1

¿Cuántas pegatinas

hay? _____

2

¿Cuántas pegatinas

hay? _____

3

¿Cuántas pegatinas

hay? _____

4

¿Cuántas pegatinas

hay? _____

¿Cuántas pegatinas hay?

5 Muestra 21 pegatinas.	**6** Muestra 14 pegatinas.
7 Muestra 33 pegatinas.	**8** Muestra 26 pegatinas.

NOMBRE   FECHA   (PÁGINA 1 DE 2)

¿Cuántas pegatinas hay?

1
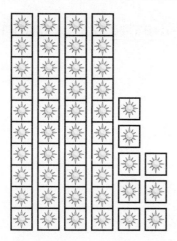

¿Cuántas pegatinas

hay? _____

2
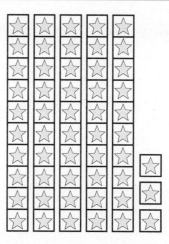

¿Cuántas pegatinas

hay? _____

3

¿Cuántas pegatinas

hay? _____

4

¿Cuántas pegatinas

hay? _____

NOTA

Los estudiantes usan el valor de posición (decenas y unidades) para identificar y representar números.
TMI Quiosco de pegatinas: Decenas y unidades

¿Cuántas pegatinas hay?

5 Muestra 46 pegatinas.	**6** Muestra 22 pegatinas.
7 Muestra 52 pegatinas.	**8** Muestra 67 pegatinas.

NOMBRE

FECHA

Las matemáticas en esta unidad

Estimada familia:

Nuestra clase va a comenzar una nueva unidad de matemáticas llamada *¿Cuántas pegatinas? ¿Cuántos centavos?* En esta segunda unidad sobre números, los estudiantes se enfocarán en el valor de posición de números de 2 y 3 dígitos. Comenzarán a trabajar con el *Quiosco de pegatinas*, una tienda que vende pegatinas sueltas, tiras de 10 pegatinas y hojas de 100 pegatinas. Usarán este contexto, así como dinero (monedas de 1¢, 10¢ y billetes de 1 dólar) y cubos organizados en torres de 10, para pensar cómo están compuestos los números. Los estudiantes también resolverán una variedad de problemas-cuento de suma y resta y realizarán juegos que contienen sumas de múltiplos de 5 y 10 hasta 100 o $1.00. Escribirán y leerán números hasta 500 y practicarán cómo sumar y restar 10 a números de 3 dígitos.

A lo largo de esta unidad, los estudiantes trabajarán para cumplir los siguientes objetivos:

Puntos de referencia	Ejemplos
Resolver un problema-cuento de unión/separación con ambos sumandos desconocidos y hallar todas las combinaciones posibles.	Sally tenía 34 centavos en monedas de 10¢ y 1¢. ¿Cuántas podría tener de cada una? 3 monedas de 10¢ y 4 monedas de 1¢ 2 monedas de 10¢ y 14 monedas de 1¢ 1 moneda de 10¢ y 24 monedas de 1¢ 34 monedas de 1¢
Resolver un problema-cuento de unión/separación con un sumando desconocido.	Si tienes 41 pegatinas en un álbum de pegatinas, ¿cuántas más necesitas para tener 50 pegatinas? ¿Y 60?
Resolver problemas-cuento de dos pasos sobre dinero.	Tengo 3 monedas de 25¢ y una de 5¢. ¿Cuánto dinero tengo? ¿Cuánto más necesito para tener $1?

Las matemáticas en esta unidad

Puntos de referencia	Ejemplos
Entender que 100 puede ser visto como 1 centena, 10 decenas o 100 unidades.	100 pegatinas sueltas 10 tiras de 10 1 hoja de 100
Entender que los múltiplos de 100 (p. ej., 200, 300, 400, etc.) se componen de una cantidad (2, 3, 4, etc.) de centenas.	300 = 3 grupos de 100 "100, 200, 300"
Resolver problemas-cuento con un cambio desconocido.	Kira tenía 15 globos. Su papá le dio algunos más. Ahora tiene 20. ¿Cuántos globos le dio su papá? Sally tenía 15 globos. Le dio algunos a su mamá. Ahora tiene 10. ¿Cuántos globos le dio a su mamá?
Resolver problemas-cuento con la cantidad inicial desconocida.	Kira tenía algunos globos. Su papá le dio 5 más. Ahora tiene 35 globos. ¿Cuántos globos tenía Kira al principio? Sally tenía algunos globos. Le dio 10 a su mamá. Ahora tiene 24. ¿Cuántos globos tenía Sally al principio?

En nuestra clase de matemáticas, los estudiantes hacen problemas y actividades de matemáticas, además de comentar cómo resuelven un problema dado. Es importante que los estudiantes resuelvan problemas de matemáticas correctamente de la manera que prefieran. En su casa, pida a su hijo(a) que le explique la manera en que está pensando. En las próximas semanas, recibirá más información sobre esta unidad así como actividades sugeridas para hacer en casa.

46 pegatinas

1 Las pegatinas vienen en tiras de 10 o sueltas.
Muestra todas las maneras posibles de
formar 46 pegatinas.

2 ¿Crees que hallaste todas las maneras
posibles? ¿Por qué crees que es así?

NOMBRE   FECHA

53 pegatinas

1 Las pegatinas vienen en tiras de 10 o sueltas.
Muestra todas las maneras posibles de formar
53 pegatinas.

2 ¿Crees que hallaste todas las maneras
posibles? ¿Por qué crees que es así?

NOTA

Los estudiantes hallan todas las combinaciones posibles entre tiras de 10 y pegatinas sueltas para
formar 53.

TMI **Quiosco de pegatinas: Decenas y unidades**

¿Cuántas pegatinas hay? 2

1

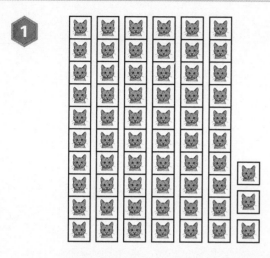

¿Cuántas pegatinas hay?

_____

2

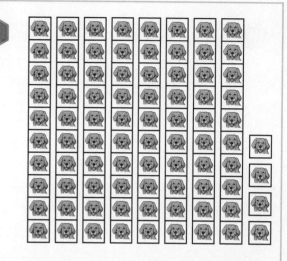

¿Cuántas pegatinas hay?

_____

3 Las pegatinas vienen en tiras de 10 o sueltas.
¿Cuántas maneras puedes hallar para formar
45 pegatinas?

NOTA

Los estudiantes usan el valor de posición (decenas y unidades) para identificar y representar números.

TMI **Quiosco de pegatinas: Decenas y unidades**

¿Cuántas pegatinas hay? 2

4 Las pegatinas vienen en tiras de 10 o sueltas. Muestra una manera de formar 78 pegatinas.

Monedas de 10¢ y de 1¢: ¿Cuántas hay de cada una?

1 Kira tiene monedas de 10¢ y de 1¢. ¿De cuántas maneras diferentes puede formar 25 centavos? Halla todas las combinaciones de monedas posibles.

© Pearson Education **2**

Monedas de 10¢ y de 1¢: ¿Cuántas hay de cada una?

2 Jake tiene monedas de 10¢ y de 1¢. ¿De cuántas maneras diferentes puede formar 56 centavos? Halla todas las combinaciones de monedas posibles.

Pegatinas en tiras y sueltas: ¿Cuántas hay de cada una?

1 Kira tiene pegatinas en tiras de 10 y otras sueltas. ¿De cuántas maneras diferentes puede formar 37 pegatinas? Halla todas las combinaciones posibles.

NOMBRE   FECHA

Pegatinas en tiras y sueltas: ¿Cuántas hay de cada una?

2 Jake tiene pegatinas en tiras de 10 y otras sueltas. ¿De cuántas maneras diferentes puede formar 72 pegatinas? Halla todas las combinaciones posibles.

NOMBRE _____ FECHA _____

Problemas sobre dinero

Resuelve cada problema y muestra tu trabajo.

1 Kira tiene 4 monedas de 10¢ y 6 monedas de 1¢ en su bolsillo. ¿Cuánto dinero tiene?

2 Jake tiene 54 monedas de 1¢. Si intercambia las monedas de 1¢ por tantas monedas de 10¢ como sea posible, ¿cuántas monedas de 10¢ tendrá? ¿Cuántas monedas de 1¢?

Repaso continuo

3 ¿Qué expresión **no** forma 20?

Ⓐ 20 − 0   Ⓒ 30 − 10

Ⓑ 20 − 20   Ⓓ 40 − 20

NOTA

Los estudiantes practican cómo resolver problemas sobre decenas y unidades.
TMI **Valor y equivalencia de monedas**

¿Cuántos cubos hay?

Resuelve cada problema, muestra tu trabajo y escribe una ecuación.

1 Jake y Sally estaban jugando *¿En qué casilla caes?*
Tenían 27 cubos y sacaron un 9.
¿Cuántos cubos tienen ahora?

2 Kira y Franco estaban jugando *¿En qué casilla caes?*
Tenían 53 cubos. La casilla debajo del último cubo decía: "¡Oh, no! Devuelve 6 cubos".
¿Cuántos cubos tienen ahora?

NOTA

Los estudiantes resuelven problemas de suma y resta sobre el juego *¿En qué casilla caes?*
TMI Problemas-cuento de comparación

¿Cuántos cubos hay?

Resuelve cada problema, muestra tu trabajo y escribe una ecuación.

3 Jake y Franco estaban jugando *¿En qué casilla caes?*
Tenían 35 cubos. La casilla debajo del último cubo decía: "¡Muy bien! Toma 5 cubos más".
¿Cuántos cubos tienen ahora?

4 Sally y Kira estaban jugando *¿En qué casilla caes?*
Tenían 54 cubos y sacaron un 7.
¿Cuántos cubos tienen ahora?

NOMBRE   FECHA

Álbum de pegatinas de Kira

Escribe la cantidad total de pegatinas.

Pegatinas de futbol

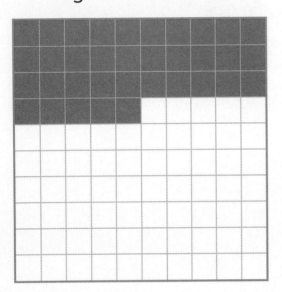

Ecuación: _____

Pegatinas de frutas

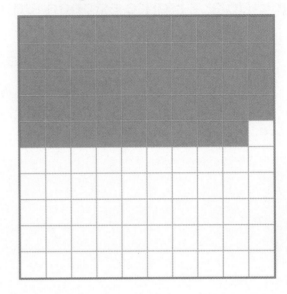

Ecuación: _____

Pegatinas de básquetbol

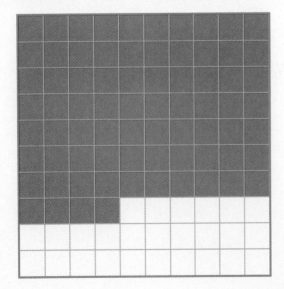

Ecuación: _____

Pegatinas de corazones

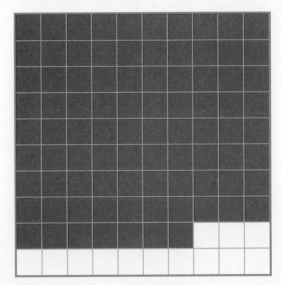

Ecuación: _____

Álbum de pegatinas de Kira

Muestra cómo se verían las páginas del álbum de pegatinas de Kira si tuviera:

46 pegatinas del océano

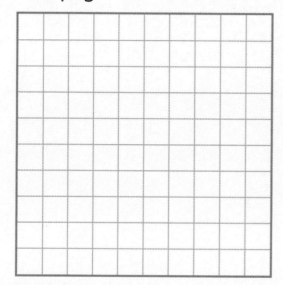

Ecuación: _____

61 pegatinas de beisbol

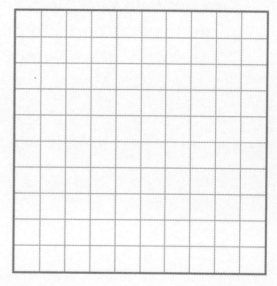

Ecuación: _____

75 pegatinas de unicornios

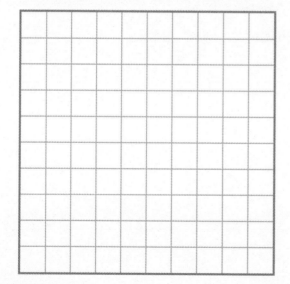

Ecuación: _____

98 pegatinas de flores

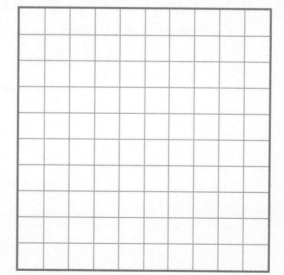

Ecuación: _____

Álbum de pegatinas de Kira

Resuelve los problemas y muestra tu trabajo.
Puedes usar las cuadrículas que coloreaste en la
página 169 como ayuda.

 Kira tiene 46 pegatinas del océano.
¿Cuántas más necesita para tener
70 pegatinas del océano?

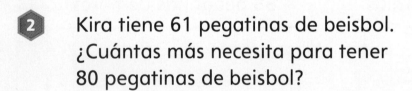 Kira tiene 61 pegatinas de beisbol.
¿Cuántas más necesita para tener
80 pegatinas de beisbol?

Álbum de pegatinas de Kira

Resuelve los problemas y muestra tu trabajo.
Puedes usar las cuadrículas de la página 168
como ayuda.

3   Kira tiene 35 pegatinas de futbol.
¿Cuántas más necesita para tener
60 pegatinas de futbol?

4   Kira tiene 87 pegatinas de corazones.
¿Cuántas más necesita para tener
100 pegatinas de corazones?

NOMBRE   FECHA

¿Cuántas más?

Usa las cuadrículas para resolver los problemas.
Escribe una ecuación.

1 Sally tiene 37 pegatinas de surf. Colorea la cuadrícula para mostrar cuántas pegatinas de surf tiene Sally.

Ecuación:

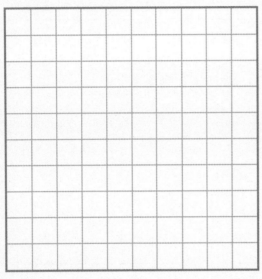

_____

2 ¿Cuántas pegatinas más necesita Sally para tener 60 pegatinas de surf?

NOTA

Los estudiantes resuelven problemas que incluyen hallar una parte que falta.
TMI **Problemas-cuento con un sumando desconocido**

¿Cuántas más?

3 Jake colecciona pegatinas de pájaros.
¿Cuántas pegatinas de pájaros tiene Jake?

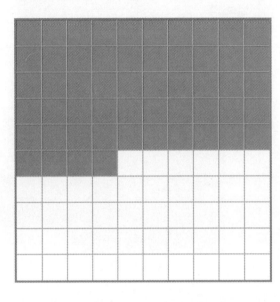

Ecuación:

_____

4 ¿Cuántas más necesita para tener
80 pegatinas de pájaros?

Más páginas del álbum de pegatinas de Kira

Escribe la cantidad total de pegatinas.

1 Pegatinas de manzanas

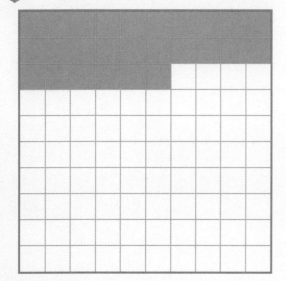

Ecuación: _____

2 Pegatinas de *hockey*

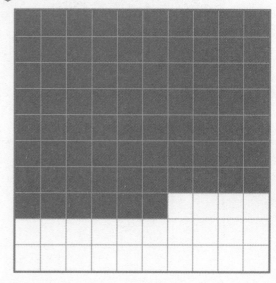

Ecuación: _____

3 Pegatinas de montañas

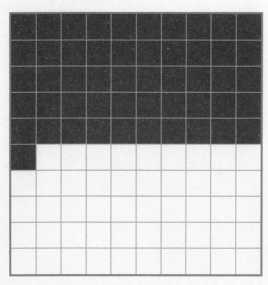

Ecuación: _____

4 Pegatinas de futbol americano

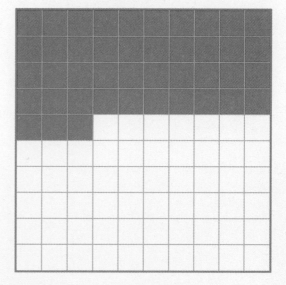

Ecuación: _____

Más páginas del álbum de pegatinas de Kira

Muestra cómo se verían las páginas del álbum de pegatinas de Kira si tuviera:

5 32 pegatinas de perros

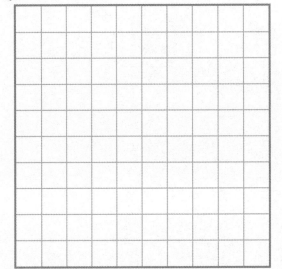

Ecuación: _____

6 47 pegatinas de gatos

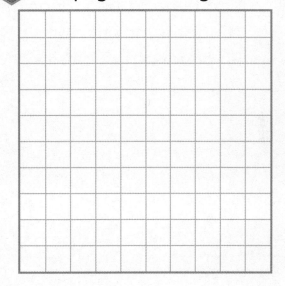

Ecuación: _____

7 79 pegatinas de limones

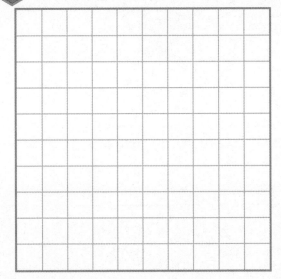

Ecuación: _____

8 92 pegatinas de conejos

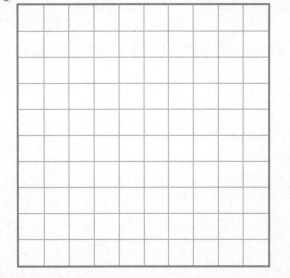

Ecuación: _____

Más páginas del álbum de pegatinas de Kira

Resuelve los problemas y muestra tu trabajo.
Puedes usar las cuadrículas de la página 175
como ayuda.

9 Kira tiene 32 pegatinas de perros.
¿Cuántas más necesita para tener
50 pegatinas de perros?

10 Kira tiene 47 pegatinas de gatos.
¿Cuántas más necesita para tener
70 pegatinas de gatos?

Más páginas del álbum de pegatinas de Kira

Resuelve los problemas y muestra tu trabajo.
Puedes usar las cuadrículas de la página 174
como ayuda.

11 Kira tiene 51 pegatinas de montañas.
¿Cuántas más necesita para tener
90 pegatinas de montañas?

12 Kira tiene 43 pegatinas de futbol
americano. ¿Cuántas más necesita para
tener 60 pegatinas de futbol americano?

¿Cuántas hay de cada una?

1   Jake tiene pegatinas de básquetbol en tiras de 10 y sueltas. ¿De cuántas maneras diferentes puede formar 67 pegatinas? Halla todas las combinaciones posibles.

¿Cuántas hay de cada una?

2 Sally tiene pegatinas de gatos en tiras de 10 y sueltas. ¿De cuántas maneras diferentes puede formar 42 pegatinas? Halla todas las combinaciones posibles.

¿Cuántas hay de cada una?

3 Kira tiene monedas de 10¢ y de 1¢. ¿De cuántas maneras diferentes puede formar 51 centavos? Halla todas las combinaciones posibles de monedas.

¿Cuántas hay de cada una?

4 Sally tiene monedas de 10¢ y de 1¢. ¿De cuántas maneras diferentes puede formar 84 centavos? Halla todas las combinaciones posibles de monedas.

NOMBRE _____ FECHA _____

Resolver un problema con pegatinas

Resuelve el problema y muestra tu trabajo.
Escribe una ecuación.

Sally tiene 27 pegatinas de aviones.

¿Cuántas más necesita para tener 40?

NOTA

Los estudiantes usan sumas o restas para hallar la diferencia entre un número y un múltiplo de 10.
TMI **Problemas-cuento con un sumando desconocido**

¿Cuántas más?

1 Jake tiene 53 pegatinas de peces. Colorea la cuadrícula y escribe una ecuación para mostrar cuántas pegatinas de peces tiene Jake.

Ecuación:

_____

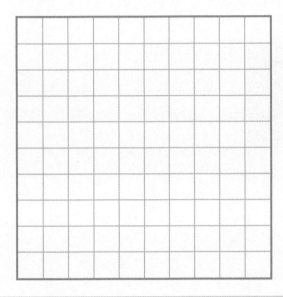

2 ¿Cuántas más necesita Jake para tener 90 pegatinas de peces?

NOTA

Los estudiantes resuelven problemas que incluyen hallar una parte que falta.

TMI **Problemas-cuento con un sumando desconocido**

¿Cuántas más?

3 Sally está coleccionando pegatinas de dragones.
¿Cuántas pegatinas de dragones tiene Sally?

_____

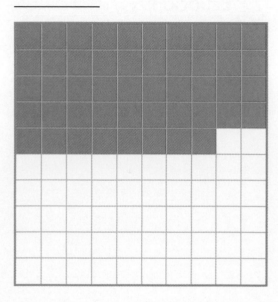

Ecuación:

_____

4 ¿Cuántas pegatinas más necesita para tener 80 pegatinas de dragones?

Problemas-cuento sobre ¿En qué casilla caes?

Resuelve cada problema, muestra tu trabajo y escribe una ecuación.

1 Jake y Sally estaban jugando *¿En qué casilla caes?* Tenían 21 cubos. ¿Cuántos más necesitan para tener 40 cubos?

2 Kira y Franco estaban jugando *¿En qué casilla caes?* Tenían 43 cubos. ¿Cuántos más necesitan para tener 70 cubos?

Problemas-cuento sobre
¿En qué casilla caes?

Resuelve cada problema, muestra tu trabajo y
escribe una ecuación.

3 Franco y Sally estaban jugando *¿En qué casilla
caes?* Tenían 32 cubos. ¿Cuántos más necesitan
para tener 80 cubos?

4 Jake y Kira estaban jugando *¿En qué casilla
caes?* Tenían 71 cubos. ¿Cuántos más necesitan
para tener 90 cubos?

NOMBRE   FECHA

Problemas sobre *¿En qué casilla caes?*

Resuelve cada problema, muestra tu trabajo y
escribe una ecuación.

1 Jake y Sally estaban jugando *¿En qué
casilla caes?* Tenían 64 cubos y sacaron un
9. ¿Cuántos tienen ahora?

2 Kira y Franco estaban jugando *¿En qué casilla
caes?* Tenían 49 cubos. La casilla debajo del
último cubo decía: "¡Oh, no! Devuelve
6 cubos". ¿Cuántos cubos tienen ahora?

NOTA

Los estudiantes resuelven problemas sobre el juego *¿En qué casilla caes?*

TMI Problemas-cuento de comparación

NOMBRE   FECHA

Más problemas sobre *¿En qué casilla caes?*

Resuelve cada problema, muestra tu trabajo y escribe una ecuación.

1 Jake y Franco estaban jugando *¿En qué casilla caes?* Tenían 63 cubos. La casilla debajo del último cubo decía: "¡Muy bien! Toma 6 cubos más". ¿Cuántos cubos tienen ahora?

2 Sally y Kira estaban jugando *¿En qué casilla caes?* Tenían 36 cubos y sacaron un 5. ¿Cuántos cubos tienen ahora?

NOTA

Los estudiantes resuelven problemas sobre el juego *¿En qué casilla caes?*
TMI Problemas-cuento de comparación

Puntajes de *Cerca de 20*

Sally y Jake están jugando a *Cerca de 20*.
Completa el resto de la hoja de Sally y Jake.

Recuerda: El puntaje de cada ronda es la distancia
entre el total de esa ronda y 20.

Hoja de anotaciones de Sally		Total	Puntaje
Ronda 1	4 + 6 + 8	18	2
Ronda 2	10 + 9 + 3	22	2
Ronda 3	9 + 0 + 10		
Ronda 4	10 + 1 + 1		
Ronda 5	10 + 2 + 8		

Puntaje total de Sally: 2 + 2 + _____ + _____ + _____

= _____

Hoja de anotaciones de Jake		Total	Puntaje
Ronda 1	4 + 8 + 2		
Ronda 2	6 + 9 + 5		
Ronda 3	7 + 6 + 8		
Ronda 4	3 + 5 + 10		
Ronda 5	1 + 7 + 9		

Puntaje total de Jake: _____

NOTA

Los estudiantes resuelven problemas con 3 sumandos y determinan la distancia entre el total y 20.
TMI **Sumar hasta 20; Cadenas de números**

Problemas sobre *Cerca de 20*

Sally y Jake están jugando a *Cerca de 20*.
Completa el resto de la hoja de Sally y Jake.

Recuerda: El puntaje de cada ronda es la distancia entre el total de esa ronda y 20.

Hoja de anotaciones de Sally		Total	Puntaje
Ronda 1	4 + 6 + 8	18	2
Ronda 2	10 + 9 + 3	22	2
Ronda 3	9 + 1 + 10		
Ronda 4	10 + 1 + 3		
Ronda 5	10 + 1 + 8		

Puntaje total de Sally: _____

Hoja de anotaciones de Jake		Total	Puntaje
Ronda 1	9 + 5 + 7		
Ronda 2	8 + 7 + 3		
Ronda 3	10 + 7 + 7		
Ronda 4	6 + 6 + 8		
Ronda 5	7 + 9 + 3		

Puntaje total de Jake: _____

NOTA

Los estudiantes resuelven problemas con 3 sumandos y determinan la distancia entre el total y 20.
TMI **Sumar hasta 20; Cadenas de números**

NOMBRE _____ FECHA _____

Cerca de 20 Hoja de anotaciones

Partida					Total		Puntaje
Ronda 1:	___	+	___	=	___		___
Ronda 2:	___	+	___	=	___		___
Ronda 3:	___	+	___	=	___		___
Ronda 4:	___	+	___	=	___		___
Ronda 5:	___	+	___	=	___		___

PUNTAJE TOTAL: _____

← 1 2 3 4 5 6 7 8 9 10 11 12 13 14 15 16 17 18 19 20 21 22 23 24 25 →

_____

NOTA

Los estudiantes juegan Cerca de 20.

TMI **Sumar hasta 20**

NOMBRE _____ FECHA _____

Cerca de 20 Hoja de anotaciones

Partida			Total		Puntaje

Ronda 1: _____ + _____ + _____ = _____ | _____

Ronda 2: _____ + _____ + _____ = _____ | _____

Ronda 3: _____ + _____ + _____ = _____ | _____

Ronda 4: _____ + _____ + _____ = _____ | _____

Ronda 5: _____ + _____ + _____ = _____ | _____

PUNTAJE TOTAL: _____

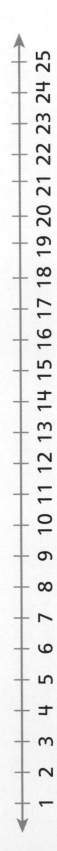

1 2 3 4 5 6 7 8 9 10 11 12 13 14 15 16 17 18 19 20 21 22 23 24 25

Cerca de 20 Instrucciones

Necesitan:
- Baraja de tarjetas de números primarios (sin comodines)
- Hoja de anotaciones de *Cerca de 20* (1 por cada jugador)
- Cubos conectables (o monedas)

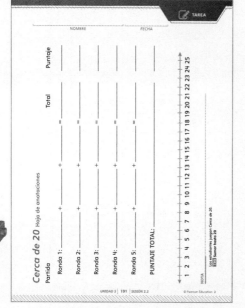

Juega con un compañero

1 Repartan 5 tarjetas a cada jugador.

2 Túrnense. En cada turno:
- Escojan 3 tarjetas que formen un total lo más cercano posible a 20.
- Anoten el total de las 3 tarjetas y su puntaje. Su puntaje es la diferencia entre su total y 20.
- Tomen esa cantidad de cubos.
- Separen esas tarjetas y tomen 3 nuevas.

3 Después de que cada jugador haya tomado 5 turnos, calculen su puntaje.

4 Cuenten sus cubos. Deberían tener la cantidad de cubos que indica su total.

5 El jugador con el total más pequeño es el ganador.

Otras maneras de jugar
- Jueguen con los comodines. Un comodín puede ser cualquier número.

Problemas con pegatinas

Resuelve cada problema, muestra tu trabajo y escribe una ecuación.

1 Sally fue al Quiosco de pegatinas. Compró 2 tiras de diez pegatinas de estrellas y 6 pegatinas sueltas. También compró 2 tiras de diez pegatinas de lunas y 3 pegatinas sueltas. ¿Cuántas pegatinas compró Sally?

2 Franco tenía 25 pegatinas de dragones. Fue al Quiosco de pegatinas y compró 2 tiras más de diez pegatinas de dragones. ¿Cuántas pegatinas tiene Franco ahora?

Problemas con pegatinas

3 Jake compró algunas pegatinas en el Quiosco de pegatinas. Compró 4 tiras de diez pegatinas de soles y 3 pegatinas sueltas. También compró 2 tiras de diez pegatinas de lunas y 5 pegatinas sueltas. ¿Cuántas pegatinas compró Jake?

4 Kira tenía 30 pegatinas de perritos. Fue al Quiosco de pegatinas y compró 1 tira más de diez pegatinas de perritos y 5 pegatinas sueltas. ¿Cuántas pegatinas tiene Kira ahora?

NOMBRE   FECHA

Pegatinas de futbol

Resuelve cada problema, muestra tu trabajo y
escribe una ecuación.

1 Kira tiene 5 tiras de diez pegatinas de
futbol y 4 pegatinas sueltas. Jake tiene
23 pegatinas de futbol. ¿Cuántas pegatinas
de futbol tienen Kira y Jake en total?

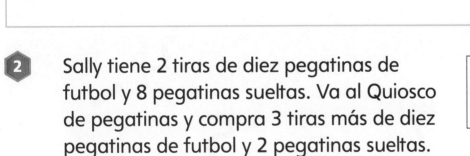

2 Sally tiene 2 tiras de diez pegatinas de
futbol y 8 pegatinas sueltas. Va al Quiosco
de pegatinas y compra 3 tiras más de diez
pegatinas de futbol y 2 pegatinas sueltas.
¿Cuántas pegatinas de futbol tiene en total?

NOTA

Los estudiantes resuelven problemas-cuento de pegatinas.
TMI **Quiosco de pegatinas: Decenas y unidades**

NOMBRE   FECHA

El reloj

NOMBRE   FECHA

Más problemas con pegatinas

Resuelve cada problema, muestra tu trabajo y escribe una ecuación.

1 Jake tenía 36 pegatinas de circos. Le dio 10 a su hermana y 10 a un amigo. ¿Cuántas pegatinas de circos le quedaron a Jake?

2 Franco tenía 62 pegatinas de hechiceros. Le dio 3 tiras de diez y 2 pegatinas sueltas a Jake. ¿Cuántas pegatinas de hechiceros le quedaron a Franco?

Más problemas con pegatinas

3 Sally tenía 44 pegatinas de lunas. Antes de la cena, colocó 3 tiras de diez en su álbum de pegatinas. ¿Cuántas pegatinas de lunas le quedan a Sally para poner en el álbum?

4 Jake tenía 37 pegatinas del océano. Le dio 1 tira de diez y 9 pegatinas sueltas a Sally. ¿Cuántas pegatinas del océano le quedaron a Jake?

NOMBRE   FECHA

Pegatinas de gatos

Resuelve cada problema, muestra tu trabajo y escribe una ecuación.

1 Sally tenía 57 pegatinas de gatos. Le dio
3 tiras de diez y 5 pegatinas sueltas a Kira.
¿Cuántas pegatinas de gatos tiene Sally ahora?

2 Franco y Jake tienen pegatinas de gatos.
Franco tiene 34 pegatinas. Jake tiene 2 tiras de
diez y 2 pegatinas sueltas. ¿Cuántas pegatinas
de gatos tienen en total?

Repaso continuo

3 ¿Qué forma **no** pertenece a este grupo?

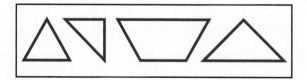

Ⓐ   Ⓑ   Ⓒ   Ⓓ

NOTA

Los estudiantes resuelven problemas-cuento sobre pegatinas.
TMI Quiosco de pegatinas: Decenas y unidades

NOMBRE   FECHA

Llegar a 100

Kira, Franco y Sally están jugando *Llegar a 100*.
Estos son los números que sacaron. ¿Cuánto
tienen hasta ahora? ¿Cuánto más necesitan para
llegar a 100? Muestra tu trabajo.

Números de Kira:	$20 + 5 + 10 + 25 + 20 + 15$
	Total de Kira: _____
	Kira necesita _____ para llegar a 100.
Números de Franco:	$10 + 5 + 25 + 5 + 30 + 10$
	Total de Franco: _____
	Franco necesita _____ para llegar a 100.
Números de Sally:	$25 + 5 + 25 + 5 + 25 + 15$
	Total de Sally: _____
	Sally necesita _____ para llegar a 100.

NOTA

Los estudiantes practican cómo sumar múltiplos de 5 y determinar a qué distancia están los totales de 100.
TMI Cadenas de números

Problemas-cuento con pegatinas

Resuelve cada problema, muestra tu trabajo y escribe una ecuación.

1 Franco tenía 27 pegatinas de cometas. Fue al Quiosco de pegatinas y compró 3 tiras de diez más. ¿Cuántas pegatinas tiene Franco ahora?

2 Kira colecciona pegatinas de animales. Compró 2 tiras y 3 pegatinas sueltas de osos panda, y 3 tiras y 7 pegatinas sueltas de serpientes. ¿Cuántas pegatinas de animales compró?

Problemas-cuento con pegatinas

3 Sally tenía 64 pegatinas de conejitos. Le dio 2 tiras de diez y 3 pegatinas sueltas a Franco. ¿Cuántas pegatinas de conejitos le quedaron a Sally?

4 Jake tenía 77 pegatinas de futbol. Le dio 3 tiras de diez y 4 pegatinas sueltas a Kira. ¿Cuántas pegatinas de futbol le quedaron a Jake?

NOMBRE   FECHA

La hora: Hora y media hora

1 Lee cada reloj y escribe la hora.

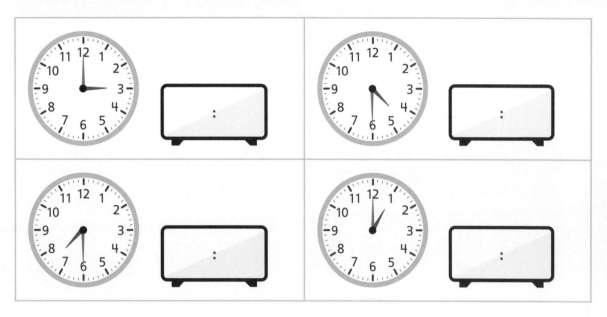

2 Dibuja las manecillas de cada reloj para marcar la hora.

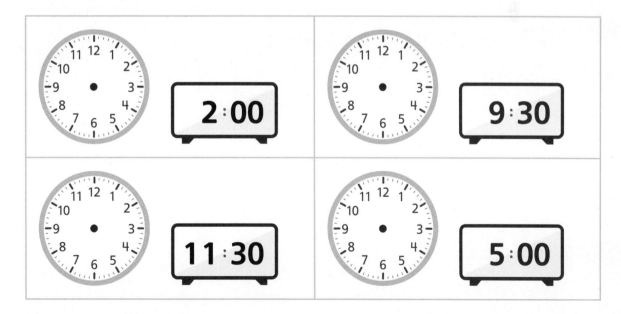

NOTA

Los estudiantes practican cómo decir la hora y cómo anotarla a la hora y a la media hora.
TMI **Decir la hora a la hora; Decir la hora a la media hora**

¿Llegaron a 100?

Sally y Jake estaban jugando *Llegar a 100*. Suma los números de cada partida para ver si realmente llegaron a 100.

Partida 1:

$20 + 15 + 10 + 10 + 20 + 5 + 10$

¿Llegaron a 100? _____

Si no, ¿cuánto más necesitan para llegar a 100? _____

Partida 2:

$15 + 10 + 15 + 15 + 10 + 5 + 10 + 15 + 5$

¿Llegaron a 100? _____

Si no, ¿cuánto más necesitan para llegar a 100? _____

NOTA

Los estudiantes muestran cómo deberían resolver un problema con varios sumandos para probar que el total es igual a por lo menos 100.

TMI **Cadenas de números**

¿Llegaron a 100?

Partida 3:

10 + 15 + 20 + 10 + 20 + 5 + 10 + 5 + 5

¿Llegaron a 100? _____

Si no, ¿cuánto más necesitan para llegar a 100? _____

Partida 4:

15 + 10 + 15 + 15 + 10 + 5 + 10 + 5

¿Llegaron a 100? _____

Si no, ¿cuánto más necesitan para llegar a 100? _____

Contar monedas

¿Cuánto dinero tiene cada estudiante?
¿Cuánto dinero más necesita para llegar a $1.00?

1

Kira tiene _____.

Kira necesita _____ para llegar a $1.00.

2

Jake tiene _____.

Jake necesita _____ para llegar a $1.00.

3

Franco tiene _____.

Franco necesita _____ para llegar a $1.00.

4

Sally tiene _____.

Sally necesita _____ para llegar a $1.00.

NOTA

Los estudiantes practican cómo contar dinero y determinar la diferencia entre la cantidad que cuentan y $1.00.
TMI Valor y equivalencia de monedas

Actividades relacionadas para hacer en casa

Estimada familia:

Las actividades sugeridas a continuación se relacionan con los conceptos matemáticos que estamos estudiando en clase. Puede usar las actividades para enriquecer la experiencia de aprendizaje matemático de su hijo(a).

Operaciones de suma y resta Su hijo(a) ha estado practicando con grupos de operaciones de suma y resta mediante juegos, tales como *Cerca de 20*, cuyo objetivo es seleccionar 3 tarjetas que den un total lo más cercano posible a 20. Además, han repasado operaciones usando las tarjetas de operaciones y clasificándolas entre "Operaciones que sé" y "Operaciones que estoy aprendiendo". En ocasiones, su hijo(a) llevará a la casa 4 a 6 operaciones que todavía está aprendiendo para practicar y repasar.

Formar un dólar En clase, estamos aprendiendo sobre los valores de las monedas y las equivalencias de un dólar. Examine algunas monedas y pida a su hijo(a) que hable de cada una. Comenten a cuántas monedas de 1¢, 5¢, 10¢ y 25¢ equivale un dólar. Hablen sobre equivalencias.

"Aquí tenemos 4 monedas de 25¢. ¿Cuánto dinero hay? ¿Puedes hallar otra manera de formar $1.00?" "Tengo 7 monedas de 10¢. ¿Cuánto más necesito para tener $1.00?"

Contar salteado En clase, estamos practicando cómo contar salteado de 5 en 5 y de 10 en 10. Busque oportunidades para practicar cómo contar salteado de 2 en 2, de 5 en 5 y de 10 en 10. Cuenten juntos y vean hasta dónde pueden llegar. Puede ayudar a su hijo(a) a buscar ejemplos de cómo usar esta destreza en la vida diaria para contar objetos tales como zapatos, dedos o pies. Haga preguntas sobre situaciones que planteen grupos iguales. Por ejemplo: "Acabo de tomar el autobús con otras 15 personas. ¿Puedes decirme cuántos zapatos había en el autobús?"; "Cuando se reúne toda nuestra familia, ¿cuántos dedos hay?".

Actividades relacionadas para hacer en casa

Matemáticas y literatura Aquí le sugerimos algunos libros infantiles relacionados con ideas sobre lo que trabajamos en esta unidad de matemáticas. Puede hallar la mayoría en su biblioteca local y leerlos juntos.

Barchers, Suzanne. *Nuestra reunión familiar.*

Greathouse, Lisa. *Juguetería.*

Murphy, Stuart J. *¡Tiburones, a nadar!*

Murphy, Stuart J. *Un ascensor maravilloso.*

Way, Steve y Gerry Bailey. *Dinero suelto.*

Williams, Brenda. *Una princesa real: Un cuento matemágico.*

Zamorsky, Lisa. *El dinero cuenta.*

Gracias por su interés y apoyo continuos.

NOMBRE   FECHA

¿Tienes $1.00?

Encierra en un círculo SÍ o NO.

Tienes estas monedas:	¿Tienes $1.00?	
1	SÍ	NO
2	SÍ	NO
3	SÍ	NO
4	SÍ	NO
5	SÍ	NO

Repaso continuo

6 ¿A cuántos estudiantes les gustaría más hacer un viaje a las montañas que al mar?

Ⓐ 14   Ⓑ 13   Ⓒ 11   Ⓓ 10

Viajes favoritos	
Montañas	**Mar**
X X X X X X X X X X X X X	X X X X X X X X X X X

NOTA

Los estudiantes practican cómo contar dinero y determinar si el total es $1.00.
TMI Valor y equivalencia de monedas

Problemas con pegatinas para la casa

Escribe una ecuación. Luego, resuelve el problema
y muestra tu trabajo.

1 Franco fue al Quiosco de pegatinas.
Compró 1 tira de diez pegatinas de soles
y 5 pegatinas sueltas. También compró
2 tiras de diez pegatinas de lunas y 1 suelta.
¿Cuántas pegatinas compró Franco?

2 Sally colecciona pegatinas de deportes. En el
Quiosco de pegatinas compró 1 tira de diez
pegatinas de futbol y 2 sueltas. También
compró 3 tiras de diez pegatinas de
básquetbol y 2 pegatinas sueltas. ¿Cuántas
pegatinas compró Sally?

NOTA

Los estudiantes resuelven problemas sobre el Quiosco de pegatinas, una tienda que vende pegatinas en
tiras de diez o sueltas. Estos problemas se enfocan en el valor de posición y en sumar decenas y unidades.

TMI Quiosco de pegatinas: Decenas y unidades

Problemas con pegatinas para la casa

3 Jake colecciona pegatinas de animales. En el Quiosco de pegatinas compró 2 tiras de diez pegatinas de pájaros y 3 pegatinas sueltas. También compró 1 tira de diez pegatinas de peces y 4 pegatinas sueltas. ¿Cuántas pegatinas compró Jake?

4 Kira fue al Quiosco de pegatinas. Compró 3 tiras de diez pegatinas de cometas y 1 pegatina suelta. También compró 1 tira de diez pegatinas de carros y 7 pegatinas sueltas. ¿Cuántas pegatinas compró Kira?

NOMBRE   FECHA

¿Cuántas pegatinas hay?

Resuelve cada problema, muestra tu trabajo y escribe una ecuación.

1 Sally recibió como obsequio 5 tiras de diez pegatinas y 3 pegatinas sueltas de su mamá, y 1 tira de diez pegatinas y 7 pegatinas sueltas de su papá. ¿Cuántas pegatinas recibió Sally en total?

2 Jake fue al Quiosco de pegatinas y compró 3 tiras de diez pegatinas de gatos y 6 pegatinas sueltas. También compró 3 tiras de diez pegatinas de perros y 4 pegatinas sueltas. ¿Cuántas pegatinas compró Jake?

NOTA

Los estudiantes resuelven problemas-cuento sobre tiras de pegatinas y pegatinas sueltas.

TMI **Quiosco de pegatinas: Decenas y unidades**

El número del día: 56 con monedas

El número del día es 56. Forma 56 con monedas
de 1¢, 5¢, 10¢ y 25¢.

Problemas con un cambio desconocido

Resuelve cada problema y muestra tu trabajo.
Escribe una ecuación.

1 Sally tenía 34 pegatinas de estrellas.
Fue al Quiosco de pegatinas y compró
algunas pegatinas más. Ahora Sally tiene
54 pegatinas de estrellas. ¿Cuántas pegatinas
compró Sally en el Quiosco de pegatinas?

2 Franco tenía 45 pegatinas de perritos. Le dio
algunas pegatinas a su hermana. Ahora
Franco tiene 30 pegatinas de perritos.
¿Cuántas pegatinas le dio a su hermana?

Problemas con un cambio desconocido

Resuelve cada problema y muestra tu trabajo.
Escribe una ecuación.

3 Kira tenía 47 pegatinas de gatos. Jake le
dio a Kira algunas más por su cumpleaños.
Ahora Kira tiene 70 pegatinas de gatos.
¿Cuántas pegatinas de gatos le dio Jake a
Kira por su cumpleaños?

4 Jake tenía 74 pegatinas de lunas. Le dio
algunas a Franco como obsequio. Ahora
Jake tiene 44 pegatinas de lunas. ¿Cuántas
pegatinas de lunas le dio Jake a Franco?

Problemas con un cambio desconocido

Resuelve cada problema y muestra tu trabajo.
Escribe una ecuación.

 5   Kira tenía 58 pegatinas de beisbol.
Fue al Quiosco de pegatinas y compró
algunas pegatinas más. Ahora Kira
tiene 98 pegatinas de beisbol. ¿Cuántas
pegatinas de beisbol compró Kira en el
Quiosco de pegatinas?

 6   Sally tenía 80 pegatinas del océano.
Le dio algunas a Franco. Ahora Sally
tiene 36 pegatinas del océano. ¿Cuántas
pegatinas le dio a Franco?

NOMBRE _____ FECHA _____

¿Cuántos globos hay?

Resuelve cada problema, muestra tu trabajo y escribe una ecuación.

1 Kira tenía un ramo de 18 globos. Sally le dio algunos globos más. Ahora Kira tiene 24 globos. ¿Cuántos globos le dio Sally a Kira?

2 Franco tenía 26 globos. Se le escaparon algunos por accidente. Cuando volvió a contarlos, tenía 17 globos. ¿Cuántos globos se le escaparon?

NOTA

Los estudiantes resuelven problemas-cuento con un cambio desconocido.

TMI Un problema-cuento con un cambio desconocido

¿Cuántas hojas? ¿Cuántas pegatinas?

Resuelve cada problema y muestra tu trabajo.
Escribe una ecuación.

1   Franco tiene 600 pegatinas. ¿Cuántas hojas de 100 tiene?

2   Sally tiene 4 hojas de pegatinas. ¿Cuántas pegatinas tiene?

¿Cuántas hojas? ¿Cuántas pegatinas?

Resuelve cada problema y muestra tu trabajo.
Escribe una ecuación.

3 Kira tiene 800 pegatinas. ¿Cuántas hojas de 100 tiene?

4 Jake tiene 5 hojas de pegatinas. ¿Cuántas pegatinas tiene?

Problemas con pegatinas

Resuelve cada problema y muestra tu trabajo.
Escribe una ecuación.

1 Franco compró pegatinas de soles en el Quiosco de pegatinas. También compró 21 pegatinas de lunas. En total compró 36 pegatinas. ¿Cuántas pegatinas de soles compró Franco?

2 Sally compró pegatinas de gatos en el Quiosco de pegatinas. Le dio 13 a Franco y se quedó con 32 para ella. ¿Cuántas pegatinas de gatos compró Sally?

NOTA

Los estudiantes resuelven problemas-cuento con la cantidad inicial desconocida.
TMI Un problema-cuento con la cantidad inicial desconocida

NOMBRE   FECHA

Grupos de 10

El Sr. T tiene 100 clips. Necesita darle 10 clips a cada estudiante para un proyecto en el que están trabajando. ¿Cuántos estudiantes podrán recibir 10 clips? ¿Sobra algún clip?

Resuelve el problema y muestra tu trabajo.

NOTA

Los estudiantes usan lo que saben sobre grupos de 10 y de 1 para resolver un problema-cuento.
TMI Contar con grupos; Contar de 2 en 2, de 5 en 5 y de 10 en 10

Pegatinas de peces

Resuelve el problema y muestra tu trabajo.
Escribe una ecuación.

1 Sally tiene 22 pegatinas de peces. Va al Quiosco de pegatinas y compra algunas más. Ahora tiene 35 pegatinas de peces. ¿Cuántas pegatinas compró Sally?

NOTA

Los estudiantes resuelven un problema-cuento sobre pegatinas con un cambio desconocido.
TMI Un problema-cuento con un cambio desconocido: Combinar

ACTIVIDAD

Problemas con la cantidad inicial desconocida

Resuelve cada problema y muestra tu trabajo.
Escribe una ecuación.

1 Kira tenía algunas pegatinas de delfines.
Para su cumpleaños, su mamá le dio
2 tiras más de 10 pegatinas de delfines.
Ahora Kira tiene 55 pegatinas. ¿Cuántas
pegatinas de delfines tenía Kira al principio?

2 Jake tenía algunas pegatinas de hechiceros.
Le dio 20 a Sally. Ahora le quedan
28 pegatinas de hechiceros. ¿Cuántas
pegatinas de hechiceros tenía Jake al
principio?

© Pearson Education 2

Problemas con la cantidad inicial desconocida

Resuelve cada problema y muestra tu trabajo.
Escribe una ecuación.

3 Franco y Kira tenían algunas pegatinas de peces. Fueron al Quiosco de pegatinas y compraron 26 más para su colección. Ahora tienen 50 pegatinas de peces. ¿Cuántas pegatinas de peces tenían Franco y Kira al principio?

4 Sally tenía algunas pegatinas de globos. Le dio 5 tiras de 10 pegatinas de globos a Jake. Ahora Sally tiene 32 pegatinas de globos. ¿Cuántas pegatinas de globos tenía Sally al principio?

Problemas con la cantidad inicial desconocida

Resuelve cada problema y muestra tu trabajo.
Escribe una ecuación.

5   Franco tenía algunas pegatinas de flores. Le dio 43 a su hermana. Ahora Franco tiene 20 pegatinas de flores. ¿Cuántas pegatinas de flores tenía Franco al principio?

6   Kira tenía algunas pegatinas de soles. Fue al Quiosco de pegatinas y compró 53 más. Ahora tiene 90 pegatinas de soles. ¿Cuántas pegatinas de soles tenía Kira al principio?

NOMBRE   FECHA

¿Cuántos globos hay? 2

Resuelve cada problema y muestra tu trabajo.
Escribe una ecuación.

1 Jake tenía algunos globos. Fue a la tienda y compró 20 globos más. Ahora Jake tiene 29 globos. ¿Con cuántos globos empezó?

2 Kira tiene algunos globos. Le da 12 a Sally. Ahora Kira tiene 20 globos. ¿Con cuántos globos empezó Kira?

NOTA

Los estudiantes resuelven problemas-cuento sobre globos.

TMI **Un problema-cuento con la cantidad inicial desconocida**

NOMBRE   FECHA

Números que faltan: Ecuaciones en la tabla de 100

1 Resuelve estos problemas. Completa los totales en la siguiente tabla de 100.

$3 + 10 =$ _____ $8 + 10 =$ _____ $14 - 10 =$ _____

$25 - 10 =$ _____ $46 + 10 =$ _____ $84 - 10 =$ _____

$31 + 10 =$ _____ $55 - 10 =$ _____ $68 + 10 =$ _____

$94 - 10 =$ _____ $73 + 10 =$ _____ $59 - 10 =$ _____

2 Completa cualquier otro número que falte en la tabla de 100.

1	2			5	6	7			
						17		19	20
21	22	23		25	26				
		33		35		37		39	
	42		44		46		48		50
51	52	53				57	58	59	
61	62		64	65		67	68	69	
71		73			76			79	80
	82			85		87	88		90
91		93		95	96			99	

NOMBRE   FECHA

Números que faltan: Ecuaciones en la tabla de 200

1 Resuelve estos problemas. Completa los totales en la siguiente tabla de 200.

$103 + 10 =$ _____ $112 - 10 =$ _____ $119 + 10 =$ _____

$125 - 10 =$ _____ $130 - 10 =$ _____ $138 + 10 =$ _____

$143 - 10 =$ _____ $153 + 10 =$ _____ $157 - 10 =$ _____

$179 + 10 =$ _____ $168 - 10 =$ _____ $191 - 10 =$ _____

2 Completa cualquier otro número que falte en la tabla de 200.

101		103		105		107	108		110
	112		114		116	117	118	119	
121	122	123		125		127	128		130
131	132		134	135	136		138	139	
		143		145	146			149	150
151	152	153	154			157			160
161	162			165	166	167	168	169	
171	172	173			176	177	178		180
	182	183	184	185			188		190
191	192		194	195	196	197	198	199	200

NOMBRE   FECHA

Números que faltan: Ecuaciones en la tabla de 300

1 Resuelve estos problemas. Completa los totales en la siguiente tabla de 300.

$205 + 10 =$ _____ $217 - 10 =$ _____ $209 + 10 =$ _____

$241 + 10 =$ _____ $233 + 10 =$ _____ $246 - 10 =$ _____

$228 - 10 =$ _____ $259 + 10 =$ _____ $274 - 10 =$ _____

$282 - 10 =$ _____ $298 - 10 =$ _____ $263 - 10 =$ _____

2 Completa cualquier otro número que falte en la tabla de 300.

	202		204	205	206		208	209	210
211		213	214		216	217			220
221	222	223	224		226		228	229	
	232			235		237	238	239	
	242		244		246			249	250
	252		254		256	257	258	259	
	262	263		265		267	268		270
271		273	274		276		278	279	280
281		283	284		286	287		289	290
291	292		294	295		297	298	299	

NOMBRE   FECHA

Números que faltan: Ecuaciones en la tabla de 400

1 Resuelve estos problemas. Completa los totales en la siguiente tabla de 400.

306 + 10 = _____   319 − 10 = _____   310 + 10 = _____

326 + 10 = _____   337 + 10 = _____   343 − 10 = _____

359 − 10 = _____   361 + 10 = _____   378 − 10 = _____

390 − 10 = _____   372 − 10 = _____   395 − 10 = _____

2 Completa cualquier otro número que falte en la tabla de 400.

	302	303	304		306	307	308		310
311	312		314	315		317	318	319	
321		323	324		326	327		329	330
	332		334	335		337	338	339	340
341	342			345	346		348		350
351	352	353		355		357	358		360
361		363	364		366	367		369	370
	372	373		375	376		378	379	
381	382		384		386	387			390
391		393	394	395		397		399	400

Números que faltan: Ecuaciones en la tabla de 500

1 Resuelve estos problemas. Completa los totales en la siguiente tabla de 500.

$406 + 10 =$ _____ $415 - 10 =$ _____ $423 + 10 =$ _____

$436 - 10 =$ _____ $442 - 10 =$ _____ $457 + 10 =$ _____

$443 + 10 =$ _____ $471 + 10 =$ _____ $484 + 10 =$ _____

$487 - 10 =$ _____ $499 - 10 =$ _____ $465 + 10 =$ _____

2 Completa cualquier otro número que falte en la tabla de 500.

	402	403	404		406	407	408	409	410
411	412	413		415		417		419	420
421		423	424	425		427	428	429	
			434	435	436	437	438		440
441		443	444		446	447		449	450
451	452		454	455	456			459	460
	462	463		465			468	469	
471	472	473	474		476		478	479	480
	482		484	485	486	487			490
491	492	493		495		497	498	499	

Más o menos 10

Escribe el número que sea 10 más o 10 menos que
el número seleccionado.

Menos 10	Número seleccionado	Más 10
	50	
	76	
	83	
	95	
	100	
	111	
	128	
	132	
	149	
	155	
	176	

NOTA

Los estudiantes practican cómo sumar o restar 10 a un número dado.

TMI Aprender operaciones de suma: Hacer operaciones de 10; Aprender operaciones de resta:
10 menos

NOMBRE   FECHA

Pegatinas de estrellas

Resuelve el problema y muestra tu trabajo.

Franco tenía algunas pegatinas de estrellas.
Fue al Quiosco de pegatinas y compró 1 tira de
diez pegatinas de estrellas y 4 pegatinas sueltas.
Ahora tiene 19 pegatinas de estrellas. ¿Cuántas
pegatinas tenía Franco al principio?

NOTA

Los estudiantes resuelven un problema-cuento sobre pegatinas con la cantidad inicial desconocida.

TMI Un problema-cuento con la cantidad inicial desconocida: Combinar

Números que faltan: Ecuaciones en la tabla de 100, 2

1 Resuelve estos problemas. Completa los totales en la siguiente tabla de 100.

$7 + 10 + 10 =$ _____ $14 + 10 - 10 - 10 =$ _____

$21 - 10 + 10 - 10 =$ _____ $68 - 10 - 10 - 10 - 10 =$ _____

$56 + 10 + 10 + 10 =$ _____ $49 - 10 - 10 + 10 - 10 =$ _____

$97 - 10 - 10 - 10 + 10 + 10 =$ _____ $74 + 10 + 10 =$ _____

2 Completa cualquier otro número que falte en la tabla de 100.

1	2			5	6	7	8		10
	12	13	14		16	17	18	19	20
21		23		25	26				
31	32		34	35		37	38	39	40
41		43		45	46	47	48		50
	52		54			57		59	60
61	62	63		65	66	67		69	70
71		73	74		76	77		79	
		83	84	85			88	89	90
91	92	93		95	96	97	98	99	100

NOMBRE   FECHA

Números que faltan: Ecuaciones en la tabla de 200, 2

1 Resuelve estos problemas. Completa los totales en la siguiente tabla de 200.

$123 + 10 + 10 =$ _____ $154 + 10 + 10 + 10 =$ _____

$101 + 10 + 10 + 10 =$ _____ $136 - 10 - 10 - 10 =$ _____

$147 + 10 - 10 + 10 + 10 =$ _____ $115 - 10 + 10 =$ _____

$172 + 10 + 10 - 10 - 10 - 10 =$ _____

$198 - 10 - 10 - 10 - 10 =$ _____

2 Completa cualquier otro número que falte en la tabla de 200.

101		103	104	105		107		109	110
111	112		114		116	117	118		120
	122	123			126	127		129	
	132			135			138	139	140
141	142		144		146	147		149	
151		153		155	156	157		159	160
161		163	164	165			168	169	
171	172		174		176		178	179	180
	182	183		185	186	187			190
191			194	195	196		198	199	

NOMBRE　　　　　FECHA

Números que faltan: Ecuaciones en la tabla de 300, 2

1 Resuelve estos problemas. Completa los totales en la siguiente tabla de 300.

$209 + 10 + 10 =$ _____　　$211 - 10 + 10 + 10 =$ _____

$245 + 10 + 10 + 10 =$ _____　　　　$226 - 10 - 10 =$ _____

$238 - 10 + 10 - 10 =$ _____　　$267 + 10 + 10 + 10 =$ _____

$293 - 10 - 10 =$ _____　　$252 - 10 + 10 - 10 - 10 =$ _____

2 Completa cualquier otro número que falte en la tabla de 300.

	202	203		205		207	208	209	
211		213	214	215	216		218	219	220
	222			225		227			230
231		233	234		236		238	239	
	242		244		246	247		249	
251	252			255		257	258	259	260
261		263	264			267			
	272		274		276	277	278	279	280
281		283		285	286				290
291	292		294	295	296		298		300

Números que faltan: Ecuaciones en la tabla de 400, 2

1 Resuelve estos problemas. Completa los totales en la siguiente tabla de 400.

$302 + 10 + 10 =$ _____ $314 + 10 - 10 - 10 =$ _____

$353 + 10 + 10 =$ _____ $396 - 10 - 10 - 10 =$ _____

$325 + 10 + 10 + 10 =$ _____ $361 - 10 + 10 + 10 =$ _____

$338 - 10 - 10 - 10 + 10 =$ _____

$378 - 10 - 10 + 10 - 10 =$ _____

2 Completa cualquier otro número que falte en la tabla de 400.

301	302			305			308		310
311		313		315	316	317		319	320
321		323	324			327	328	329	
	332		334		336			339	340
	342			345		347	348		350
351		353	354		356	357		359	
	362		364	365			368		370
			374		376	377		379	
	382	383		385	386		388	389	390
391		393	394		396	397	398		400

NOMBRE   FECHA

Números que faltan: Ecuaciones en la tabla de 500, 2

1 Resuelve estos problemas. Completa los totales en la siguiente tabla de 500.

$404 + 10 + 10 - 10 = $ _____

$423 + 10 - 10 - 10 = $ _____

$439 + 10 + 10 + 10 = $ _____

$481 + 10 - 10 - 10 - 10 = $ _____

$495 - 10 - 10 - 10 + 10 = $ _____

$413 + 10 + 10 + 10 = $ _____

$442 - 10 - 10 = $ _____

$475 + 10 - 10 - 10 = $ _____

2 Completa cualquier otro número que falte en la tabla de 500.

	402		404		406	407		409	410
411	412			415		417	418		420
421			424		426			429	430
	432	433	434	435			438	439	
441				445	446	447	448	449	450
451	452		454	455		457		459	460
	462	463	464		466	467	468		
471		473	474		476	477	478	479	
481				485		487	488	489	490
	492	493		495	496		498		500

NOMBRE   FECHA

¿Qué hora es?

1 Cuenta los minutos en el reloj con grupos de 5. Rotula cada grupo de 5.

Lee cada reloj. Anota qué hora es.

NOTA

Los estudiantes rotulan un reloj y practican cómo decir la hora en intervalos de 5 minutos.
TMI Partes de una hora

NOMBRE   FECHA

Número del día: 12 con partes que faltan

15 − _____ = 12	8 + _____ = 12
20 − _____ = 12	_____ + 5 = 12
_____ − 2 = 12	12 = 10 + _____
_____ − 6 = 12	_____ − 4 = 12
2 + _____ = 12	12 = _____ + 7

NOTA

Los estudiantes hallan el sumando que falta para completar la ecuación que es igual al número 12.
TMI Sumar hasta 20; Restar hasta 20

Bolsillos, dientes y adivina cuál es mi regla

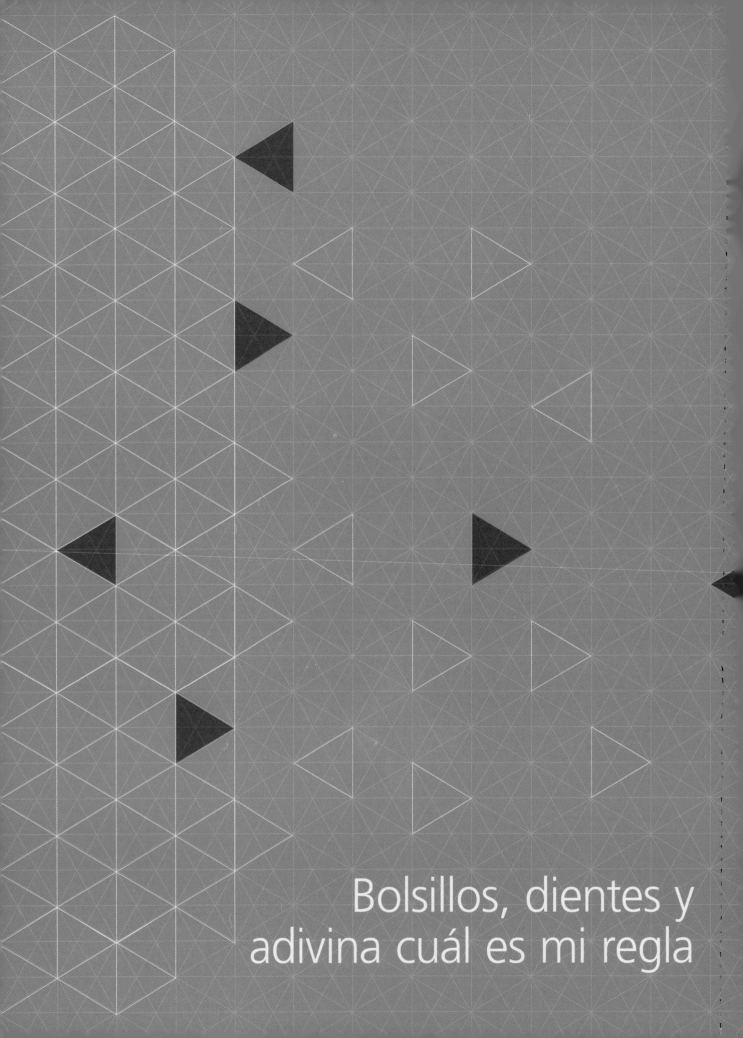

Bolsillos, dientes y
adivina cuál es mi regla

¿Cuántos bolsillos hay?

Escribe la cantidad de bolsillos que hay en cada grupo.

Usa la información para hallar la cantidad total de bolsillos.

Grupo 1: _____   Grupo 2: _____

Grupo 3: _____   Grupo 4: _____

Problemas-cuento sobre *Adivina cuál es mi regla*

Resuelve cada problema y escribe una ecuación.
Muestra tu trabajo.

1 Una clase de segundo grado estaba jugando *Adivina cuál es mi regla*. Había 21 estudiantes en la clase. 8 estudiantes tenían camisetas a rayas. ¿Cuántos estudiantes **no** tenían camisetas a rayas?

2 Una clase de segundo grado estaba jugando *Adivina cuál es mi regla*. 6 estudiantes tenían lentes. 18 estudiantes no tenían lentes. ¿Cuántos estudiantes había en la clase?

3 Una clase de segundo grado estaba jugando *Adivina cuál es mi regla*. 12 estudiantes tenían tenis. 10 estudiantes no tenían tenis. ¿Cuántos **más** estudiantes tenían tenis que los que no tenían?

NOTA

Los estudiantes usan los datos dados para calcular información adicional.

TMI **Un problema-cuento de suma sobre niños**

NOMBRE _____ FECHA _____

Las matemáticas en esta unidad

Estimada familia:

Nuestra clase va a comenzar una nueva unidad de matemáticas sobre datos, o información, que reunimos sobre las personas y los objetos de nuestro mundo. Los estudiantes formularán preguntas, reunirán y clasificarán la información, y representarán los datos como una manera de mostrar a los demás lo que hallaron. En esta unidad, los estudiantes harán sus propias representaciones de los datos, además de crear e interpretar pictografías, gráficas de barras, diagramas de Venn y diagramas de puntos que los representan.

A lo largo de esta unidad, los estudiantes trabajarán para cumplir los siguientes objetivos:

Puntos de referencia	Ejemplos
Organizar un grupo de datos en cuatro categorías como máximo.	¿Cuál es tu comida favorita? Pizza · Helado Cereales · Pollo · Uvas Panqueques · Sándwich · Espagueti · Galletas Desayuno · Almuerzo · Cena · Merienda
Crear, describir e interpretar una variedad de representaciones, incluyendo pictografías y gráficas de barras.	"Solo a 1 persona le gusta más la comida del almuerzo". "La cena y la merienda son las más populares. 3 personas escogieron cada una". Desayuno ☺ ☺ Almuerzo ☺ Merienda ☺ ☺ ☺ Cena ☺ ☺ ☺

Las matemáticas en esta unidad

Puntos de referencia	Ejemplos
Ordenar, representar y describir un grupo de datos numéricos.	 ¿Cuántos libros has leído esta semana?

En nuestra clase de matemáticas, los estudiantes hacen problemas y actividades de matemáticas, además de comentar cómo resuelven un problema dado. Es importante que los estudiantes resuelvan problemas de matemáticas correctamente de la manera que prefieran.

En su casa, pida a su hijo(a) que le explique la manera en que está pensando. En las próximas semanas, recibirá más información sobre esta unidad así como actividades sugeridas para hacer en casa.

El número del día: 12

15 − _____ = 12	8 + _____ = 12
20 − _____ = 12	_____ + 5 = 12
_____ − 2 = 12	12 = 10 + _____
_____ + 6 = 12	_____ − 4 = 12
2 + _____ = 12	12 = _____ + 7

NOMBRE   FECHA

Adivina cuál es mi regla con letras

Mira detenidamente las letras que cumplen la regla
y las letras que **no** la cumplen. Luego, responde a
las preguntas.

Cumplen la regla	No cumplen la regla
A, E, F, H, I, K, L, M, N	B, C, D, G, J, O, P

1 Escribe 3 letras más que **no** cumplan la regla. _____

2 Escribe 3 letras más que cumplan la regla. _____

3 La regla es _____

_____.

Repaso continuo

Mira la tabla anterior.

4 ¿Cuántas letras cumplen la regla? _____
¿Cuántas no la cumplen? _____

5 ¿Cuántas **más** letras hay que cumplen
la regla que las que no la cumplen? _____

NOTA

Los estudiantes determinan "la regla", o el atributo, que tienen las letras que cumplen la regla y, luego, identifican más letras que tienen o no tienen ese atributo.

TMI **Formar categorías**

Camisetas a rayas

Un maestro reunió datos sobre el tipo de camiseta que llevaba cada uno de sus estudiantes.

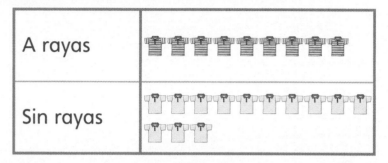

A rayas	
Sin rayas	

1 ¿Cuántos estudiantes llevan camisetas a rayas? _____

2 ¿Cuántos estudiantes **no** llevan camisetas a rayas? _____

3 ¿En qué grupo hay más? _____

¿Cuántos más? _____

4 ¿Cuántos estudiantes hay en esta clase?

_____

Repaso continuo

0   20

5 ¿Qué número va debajo de la marca?

Ⓐ 1   Ⓑ 5   Ⓒ 10   Ⓓ 15

NOTA

Los estudiantes interpretan datos representados en una pictografía.
TMI **Datos en una pictografía**

Actividades relacionadas para hacer en casa

Estimada familia:

Las actividades sugeridas a continuación se relacionan con *Bolsillos, dientes y Adivina cuál es mi regla*, la unidad que estamos estudiando en clase. Realizar estas actividades junto con un adulto puede enriquecer la experiencia de aprendizaje matemático de su hijo(a).

Hallar categorías Ayude a su hijo(a) a buscar situaciones de la vida diaria en las cuales haya objetos clasificados en categorías. Por ejemplo, en la tienda de abarrotes, la comida está organizada en secciones. En la biblioteca, los libros están clasificados según el tema o el tipo de libro. En casa, la ropa sucia suele ordenarse en clara y oscura, y luego en diferentes pilas cuando ya está limpia. Converse con su hijo(a) sobre otras cosas que puedan observar que estén clasificadas y cuál es la clasificación.

Adivina cuál es mi regla Este juego se enfoca en observar atributos o características y formar categorías. Los estudiantes llevarán a casa las instrucciones cuando deban hacer el juego como tarea. El juego puede jugarse repetidas veces con diferentes categorías y reglas.

Animales cerca de mi casa Pida a su hijo(a) que busque cerca de su casa diferentes tipos de animales, desde un pequeño insecto hasta la criatura más grande. Anote cada tipo de animal en una tarjeta de fichero o en un pedazo de papel. Observen en qué categorías posibles pueden organizar estos animales. También pueden jugar *Adivina cuál es mi regla* con animales.

Actividades relacionadas para hacer en casa

Búsqueda de gráficas Busquen y reúnan ejemplos de gráficas y representaciones de datos. Busquen en diarios y revistas. Hablen acerca de qué se representa en la gráfica. ¿Se representa con claridad? ¿Qué datos, o información, contiene la gráfica? Anime a su hijo(a) para que haga gráficas sobre cosas que crean importantes.

Matemáticas y literatura Aquí le sugerimos algunos libros infantiles relacionados con nuestro trabajo con datos.

Aber, Linda Williams. *¿Quién tiene manchas?*

Bell, Samantha. *La mascota perfecta.*

Bodach, Vijaya Khisty. *Pictografías / Picture Graphs.*

Dussling, Jennifer A. *¡Lo justo es justo!*

Greathouse, Lisa. *Animales salvajes.*

Mariconda, Barbara. *¡Clasifícalo!*

McMillan, Dawn. *Recopilación de datos.*

NOMBRE _____ FECHA _____

¿Cuántas flores hay?

Kira fue a dar un paseo y contó las flores que vio en su camino. Estos son los datos.

Margaritas	🌼🌼🌼🌼🌼🌼🌼🌼🌼🌼 🌼🌼🌼🌼🌼🌼🌼🌼
Rosas	🌹🌹🌹🌹🌹🌹🌹
Girasoles	🌻🌻🌻🌻🌻🌻🌻🌻🌻🌻🌻 🌻🌻

1 ¿Cuántas margaritas vio Kira? _____

2 ¿Cuántos girasoles vio Kira? _____

3 ¿De cuáles vio más, margaritas o rosas? _____

¿Cuántas más? _____

4 ¿Cuántas margaritas y rosas vio Kira?

_____

5 ¿Cuántos girasoles y margaritas vio Kira?

_____

6 Kira vio _____ flores en el camino.

7 ¿De qué flores vio más cantidad? _____

NOTA
_____

Los estudiantes interpretan datos presentados en una pictografía.
TMI Datos en una pictografía

Adivina cuál es mi regla en casa

Juega varias partidas con un miembro de la familia o un amigo.

1   Reúnan 20 objetos pequeños, p. ej., un lápiz, un clip, una piedra, un botón o una moneda de 1¢.

2   Escoge una regla que cumplan algunos objetos.

3   Coloca dos objetos que cumplan la regla dentro del círculo. Coloca dos objetos que **no** cumplan la regla fuera del círculo.

4   Tu compañero aún no debe adivinar cuál es la regla, sino que debe colocar otro objeto donde cree que pertenece.

5   Indica a tu compañero si es correcto lo que hizo o no. Coloca los objetos que están mal ubicados donde corresponda.

6   Repitan los Pasos 4 y 5 hasta que casi todos los objetos hayan sido colocados en el círculo o fuera del círculo.

7   Luego, tu compañero debe adivinar cuál es la regla.

8   Ahora, tu compañero escoge la regla y vuelven a jugar.

¿Qué reglas usaron cuando jugaron?

1   _____

2   _____

3   _____

4   _____

NOTA

Los estudiantes han estado jugando el juego *Adivina cuál es mi regla* con la clase. Como tarea, los estudiantes juegan *Adivina cuál es mi regla* con un miembro de la familia o un amigo. Pueden jugar con una sola regla usando el círculo o con dos reglas usando el diagrama de Venn.

TMI **Diagramas de Venn**

Círculo para *Adivina cuál es mi regla*

Diagrama de Venn para *Adivina cuál es mi regla*

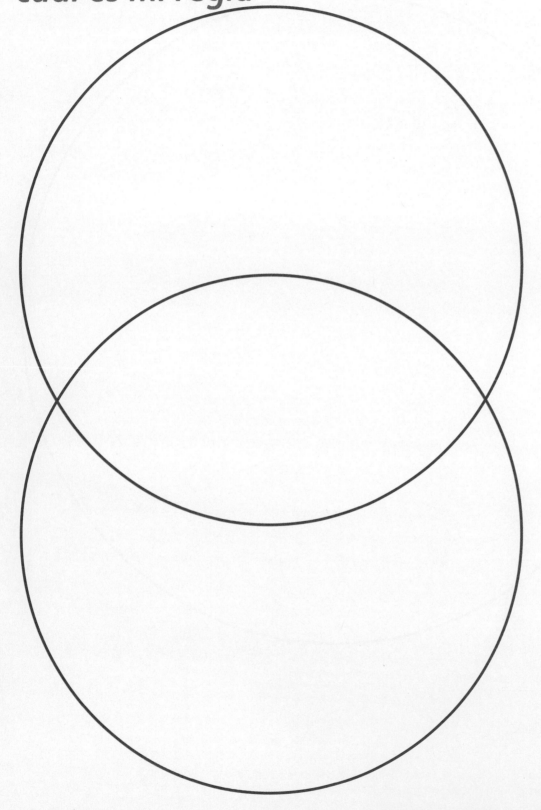

Datos sobre actividades de fin de semana

Gregorio hizo una encuesta entre sus compañeros de clase sobre sus actividades favoritas de fin de semana. La siguiente gráfica de barras muestra sus datos.

Actividad favorita de fin de semana

1. ¿A cuántos estudiantes les gusta jugar futbol los fines de semana? _____

2. ¿A cuántos estudiantes les gusta ir al parque los fines de semana? _____

3. ¿Qué actividad les gusta más a los estudiantes? _____

4. ¿Cuántos estudiantes más hay que prefieren leer en lugar de jugar futbol? _____

5. ¿Cuántos estudiantes menos hay que prefieren jugar futbol en lugar de ir al parque? _____

6. ¿Cuántos estudiantes hicieron la encuesta?

_____

NOTA

Los estudiantes interpretan los datos presentados en una gráfica de barras.

TMI **Datos en una gráfica de barras**

Deportes favoritos

Sally hizo una encuesta entre sus compañeros sobre sus deportes favoritos. La pictografía muestra sus datos.

Futbol	⚽ ⚽ ⚽ ⚽ ⚽ ⚽ ⚽ ⚽ ⚽
Básquetbol	🏀 🏀 🏀 🏀 🏀 🏀 🏀
Hockey	⚫ ⚫ ⚫ ⚫ ⚫

1 ¿A cuántos estudiantes les gusta más

el *hockey*? _____

2 ¿A cuántos estudiantes les gusta más

el futbol? _____

3 ¿Qué prefieren más estudiantes, el básquetbol

o el *hockey*? _____

¿Cuántos más? _____

4 ¿Cuántos estudiantes menos hay que

prefieren el *hockey* al futbol? _____

5 A más estudiantes les gusta _____
más que cualquier otro deporte.

6 ¿Cuántos estudiantes hicieron la encuesta? _____

NOTA
_____

Los estudiantes interpretan los datos presentados en una gráfica de barras.
TMI **Datos en una gráfica de barras**

NOMBRE _____ FECHA _____

¡Adivina cuáles son mis dos reglas!

¿Qué tienen en común los niños de cada imagen?
¿Puedes hallar las dos reglas misteriosas?

1

Cumple la Regla 1	Cumple la Regla 2

La Regla 1 es: _____

_____

La Regla 2 es: _____

_____

2 Encierra en un círculo los niños que cumplen **las dos** reglas.

NOTA

Los estudiantes adivinan cuáles son y anotan "las reglas", o los atributos comunes, de dos grupos
diferentes. Identifican imágenes que tienen ambos atributos.

TMI **Formar categorías; Datos en una gráfica de barras**

¡Adivina cuáles son mis dos reglas!

Repaso continuo

Los estudiantes hicieron una encuesta sobre su sabor de helado favorito. La siguiente gráfica de barras muestra los datos.

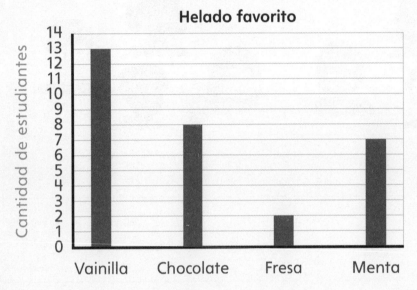

Helado favorito

3 ¿Cuántos estudiantes más hay que prefieren vainilla en lugar de chocolate? _____

4 ¿Cuántos estudiantes menos hay que prefieren fresa en lugar de chocolate? _____

5 ¿A cuántos estudiantes les gusta el helado de chocolate y el de menta? _____

6 ¿Cuántos estudiantes respondieron a la pregunta de la encuesta? _____

El número del día: 20

$15 + \underline{\hspace{2cm}} = 20$	$35 - \underline{\hspace{2cm}} = 20$
$50 - \underline{\hspace{2cm}} = 20$	$\underline{\hspace{2cm}} + 5 = 20$
$55 - \underline{\hspace{2cm}} = 20$	$10 + \underline{\hspace{2cm}} = 20$
$\underline{\hspace{2cm}} + 0 = 20$	$45 - \underline{\hspace{2cm}} = 20$
$25 - \underline{\hspace{2cm}} = 20$	$\underline{\hspace{2cm}} - 15 = 20$

NOMBRE   FECHA

Datos sobre los bolsillos de nuestra clase

Mira las representaciones de los bolsillos de la clase
y úsalas para responder a las preguntas.

1 ¿Cuántas personas tenían 4 bolsillos? _____

2 ¿Cuál es la mayor cantidad de bolsillos que los
estudiantes tenían en su ropa el día de hoy? _____

¿Cuántas personas tenían esa cantidad de bolsillos? _____

3 ¿Cuál es la menor cantidad de bolsillos que
los estudiantes tenían en su ropa el día de hoy? _____

¿Cuántas personas tenían esa cantidad de bolsillos? _____

4 Encierra en un círculo cuál es mayor:

La cantidad de personas   La cantidad de personas

que tenían 6 bolsillos   **o**   que tenían 7 bolsillos

5 ¿Cuántos bolsillos tenías tú? _____

6 ¿Cuántas personas de tu clase tenían más
bolsillos que tú? _____

7 ¿Cuántas personas de tu clase tenían menos
bolsillos que tú? _____

8 ¿Cuántas personas de la clase tenían la misma
cantidad de bolsillos que tú? _____

NOMBRE _____ FECHA _____

Animales del zoológico

¿Puedes ayudar a la clase del Sr. Murphy a clasificar los animales que vieron en el zoológico entre aquellos que vuelan o aquellos que **no** vuelan? Escribe el nombre de cada animal en la tabla.

murciélago   conejo   pájaro carpintero   pingüino   rana

cordero   búho   tortuga   mariposa   águila

libélula   cerdo   cucaracha   caballo   grillo

Animales que vuelan	Animales que no vuelan

NOTA

Los estudiantes clasifican y organizan un grupo de datos y, luego, hacen una gráfica de barras.

TMI **Formar categorías; Datos en una gráfica de barras**

Animales del zoológico

Completa la gráfica de barras con los datos sobre
los animales del zoológico.

Título: _____

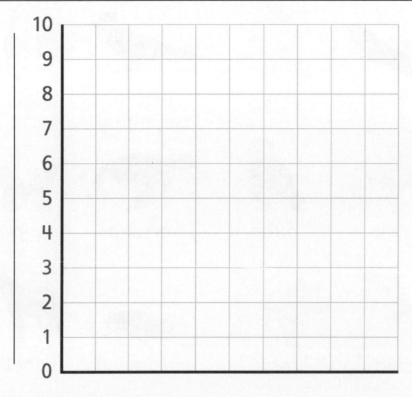

1. ¿Cuántos animales vuelan? _____

2. ¿Hay más animales que vuelan o que no

   vuelan? _____

3. ¿Cuántos datos están representados en tu

   gráfica de barras? _____

NOMBRE   FECHA

¿Cuántos bolsillos hay en total?

1 Completa la lista de una clase con la cantidad de bolsillos que tiene cada persona.

2 Calcula la cantidad total de bolsillos que hay hoy en la clase.

Muestra tu trabajo. Escribe una ecuación.

Cantidad total de bolsillos de la clase: _____

NOTA

Los estudiantes han estado reuniendo datos sobre la cantidad de bolsillos que tienen sus compañeros de clase. Como tarea, los estudiantes calcularán la cantidad total de bolsillos que tienen sus compañeros a partir de los datos que han reunido.

TMI Ecuaciones y expresiones equivalentes

NOMBRE _____ FECHA _____

Nuestro plan para reunir datos

Comenta estas preguntas con tu compañero.
Anota tus respuestas.

1 ¿De qué clase reunirán datos?

_____

2 ¿Qué le dirán a toda la clase para presentar su encuesta?

_____

_____

_____

3 ¿Qué pregunta harán?

_____

_____

_____

4 ¿Cómo anotarán las respuestas de los estudiantes?

_____

_____

_____

5 ¿Cómo se asegurarán de que todos hayan respondido a la pregunta?

_____

_____

NOMBRE _____   FECHA _____

Observar un diagrama de puntos

El Sr. Fox hizo una encuesta sobre cuántos bolsillos tenían sus estudiantes. En este diagrama de puntos se muestran sus datos.

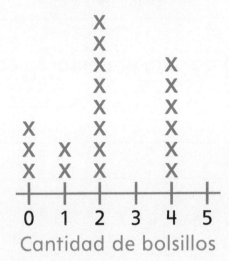

Cuántos bolsillos

Cantidad de bolsillos

1 ¿Cuántos estudiantes tenían 2 bolsillos? _____

2 ¿Cuántos estudiantes no tenían ningún bolsillo? _____

3 Había más estudiantes que tenían _____ bolsillos que los que tenían cualquier otra cantidad.

4 ¿Había más estudiantes con 4 bolsillos o con

2 bolsillos? _____

¿Cuántos más? _____

5 ¿Cuántos estudiantes hay en la clase del Sr. Fox? _____ ¿Cómo lo sabes?

_____

NOTA
_____

Los estudiantes responden a preguntas sobre datos presentados en un diagrama de puntos.
TMI **Diagrama de puntos**

NOMBRE

FECHA

¿Cuántos dientes?

Haz una encuesta a 2 o 3 de tus hermanos, primos o amigos que estén en la escuela primaria para hallar cuántos dientes han perdido. Usaremos esta información en las clases de matemáticas.

Nombre	Grado	Cantidad de dientes perdidos

NOTA

Los estudiantes han estado reuniendo datos en la clase sobre la cantidad total de dientes que perdieron los estudiantes. Como tarea, los estudiantes seguirán con este tipo de reunión de datos encuestando a 2 o 3 niños más que estén en la escuela primaria para saber cuántos dientes han perdido.

TMI **Formar categorías**

NOMBRE _____ FECHA _____

Observar un diagrama de puntos 2

La clase del Sr. Murphy reunió datos sobre cuántos dientes han perdido. El diagrama de puntos muestra sus datos.

Cuántos dientes perdidos

Cantidad de dientes

1 ¿Cuántos estudiantes perdieron 8 dientes? _____

2 ¿Cuántos estudiantes perdieron 4 dientes? _____

3 Hay más estudiantes que perdieron _____ dientes más que cualquier otra cantidad.

4 ¿Hay más estudiantes que perdieron 6 dientes o 9 dientes? _____

¿Cuántos más? _____

5 ¿Cuántos estudiantes perdieron 5, 6 y 7 dientes?

_____

6 ¿Cuántos estudiantes hay en la clase del Sr. Murphy?

_____

¿Cómo lo sabes? _____

NOTA
_____

Los estudiantes interpretan datos presentados en un diagrama de puntos.
TMI **Diagrama de puntos**

Practicar las operaciones

Escoge 6 operaciones que te resulten difíciles de recordar.
Escríbelas en tarjetas en blanco.

$$13 \boxed{-} 6 = 7$$

Pista: $12 - 6 = 6$

Usa algo que sepas para escribir una pista.
Practícalas con alguien en casa.

____ $\Box$ ____ = ____ Pista: _____	____ $\Box$ ____ = ____ Pista: _____
____ $\Box$ ____ = ____ Pista: _____	____ $\Box$ ____ = ____ Pista: _____
____ $\Box$ ____ = ____ Pista: _____	____ $\Box$ ____ = ____ Pista: _____

¿Qué averiguaste?

Observa tu representación de los datos sobre dientes que reuniste de otra clase.

1 ¿Cuáles son dos cosas que observas sobre la cantidad de dientes perdidos en esta clase?

a. _____

_____

_____

_____

b. _____

_____

_____

_____

2 ¿Cómo se comparan los datos con los de nuestra clase?

_____

_____

_____

Explicar los resultados de otra persona

1 ¿Con quién intercambiaste tus resultados?

Nombres: _____ _____

¿De qué clase reunieron datos? _____

2 ¿Cuál fue la cantidad de dientes perdidos más común? _____

3 ¿Cuál fue la menor y la mayor cantidad de dientes perdidos en esta clase?

Menor _____ Mayor _____

4 ¿Cuántos estudiantes perdieron menos de 4 dientes? _____

5 ¿Cuántos estudiantes perdieron exactamente 4 dientes? _____

6 ¿Cuántos estudiantes perdieron más de 4 dientes? _____

7 ¿Cuántos estudiantes había en esta clase? _____

8 ¿Que te pareció sorprendente o inusual sobre los datos de esta clase?

_____

_____

_____

_____

Observar un diagrama de puntos 3

Los estudiantes de la clase del Sr. Fox pueden pedir prestados hasta 3 libros de la biblioteca. Este diagrama de puntos muestra cuántos libros pidieron prestados.

Cuántos libros

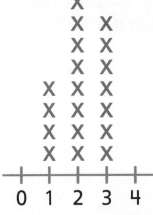

Cantidad de libros

1 ¿Cuántos estudiantes pidieron prestado 1 libro? _____

2 ¿Cuántos estudiantes pidieron prestados 3 libros? _____

3 Hay más estudiantes que pidieron prestados _____ libros que cualquier otra cantidad.

4 ¿Hay más estudiantes que pidieron prestados 1 libro o 3?

_____

¿Cuántos más? _____

5 ¿Cuántos estudiantes pidieron prestados 1 o 2 libros?

_____

6 ¿Cuántos estudiantes hay en la clase del Sr. Fox?

_____

¿Cómo lo sabes?

_____

_____

NOTA

Los estudiantes interpretan datos presentados en un diagrama de puntos.
TMI **Diagrama de puntos**

¿Cuántos bolsillos hay? 2

Escribe la cantidad total de bolsillos de cada grupo.
Usa la información para determinar la cantidad total
de bolsillos.

Grupo 1: _____   Grupo 2: _____

Grupo 3: _____   Grupo 4: _____

Datos misteriosos de dientes: ¿A qué clase pertenecen?

Los datos de la tabla muestran cuántos dientes perdió cada estudiante.

Clase A		Clase B		Clase C		Clase D	
Amaya	14	Abby	7	Álex	2	Adam	10
Bruce	11	Alberto	6	Allie	2	Anita	11
Cecilia	8	Becky	1	Andrew	1	Benjamín	5
Chiang	6	Benson	7	Arthur	0	Bill	8
Deshawn	8	Chen	3	Benito	1	Carla	9
Emma	8	Corey	13	Bridget	1	Charles	12
Esteban	9	Derek	8	Cheyenne	4	Deon	14
Felipa	8	Édgar	6	Chris	0	Emaan	9
Gabi	11	Emilia	8	Darren	1	Inés	14
Henry	13	Gina	9	Edwin	0	Jake	9
Jane	13	Helena	8	Elena	0	Janet	10
Jacob	12	Jacy	8	Félix	3	Kenji	7
Keisha	7	Jeffrey	9	Georgia	0	Leah	8
Marisol	6	Jung	3	Holly	2	Libby	11
Mary	7	Katrina	9	Hugo	0	Murphy	12
Monisha	8	Kiyo	12	Juan	3	Nadia	13
Nadeem	5	Kyle	8	Kathryn	0	Óscar	8
Nate	7	Leigh	8	Keith	3	Ramona	14
Philip	8	Lionel	5	Latoya	1	Terrell	13
Rachel	8	Paige	8	Nicholas	0		
Rebecca	8	Paul	8	Pilar	1		
Sarah	8	Shandra	9	Richard	3		
Terrence	7	Simón	6	Samantha	0		
Úrsula	9	Timothy	8	Tyler	0		
Yoshio	8	Vic	8	Yuson	0		

Datos misteriosos de dientes: ¿A qué clase pertenecen? Hoja de anotaciones

1 ¿Cómo determinaste qué grupo de datos misteriosos correspondían a tu representación?

_____

_____

_____

_____

2 ¿Qué grado crees que representa el grupo de datos misteriosos? _____

3 Explica por qué emparejaste los datos misteriosos con este grado.

_____

_____

_____

_____

NOMBRE   FECHA

Representar datos

La pregunta de la encuesta era: "¿Cuántos animales de peluche tienes?".

Amaya	5	Gregory	11	Henry	11
Darren	12	Yama	6	Leigh	7
Melissa	7	Carla	5	Juanita	7
Tita	10	Chen	4	Lonzell	9

1 Crea un diagrama de puntos para mostrar estos datos.

2 Gregory y Henry combinaron sus animales.

¿Cuántos tienen? _____

3 Leigh, Juanita y Melissa combinaron sus animales.

¿Cuántos tienen? _____

NOTA

Los estudiantes hacen un diagrama de puntos para organizar y representar los resultados de una encuesta.
TMI Diagrama de puntos

El número del día: 18

$20 - \underline{\hspace{2cm}} = 18$	$28 - \underline{\hspace{2cm}} = 18$
$10 + \underline{\hspace{2cm}} = 18$	$\underline{\hspace{2cm}} + 6 = 18$
$\underline{\hspace{2cm}} - 1 = 18$	$9 + \underline{\hspace{2cm}} = 18$
$2 + \underline{\hspace{2cm}} = 18$	$18 = \underline{\hspace{2cm}} + 7$
$\underline{\hspace{2cm}} + 4 = 18$	$18 = 5 + \underline{\hspace{2cm}}$

El número del día: 18

El número del día es <u>18</u>.

$$9 + 9$$

$$9 + 3 + 6$$

$$19 - 1$$

Muestra diferentes maneras de formar el número del día.

NOMBRE   FECHA

Problemas con monedas

Calcula cuánto dinero hay en cada recuadro.

Escribe una ecuación para mostrar cómo contaste el dinero.

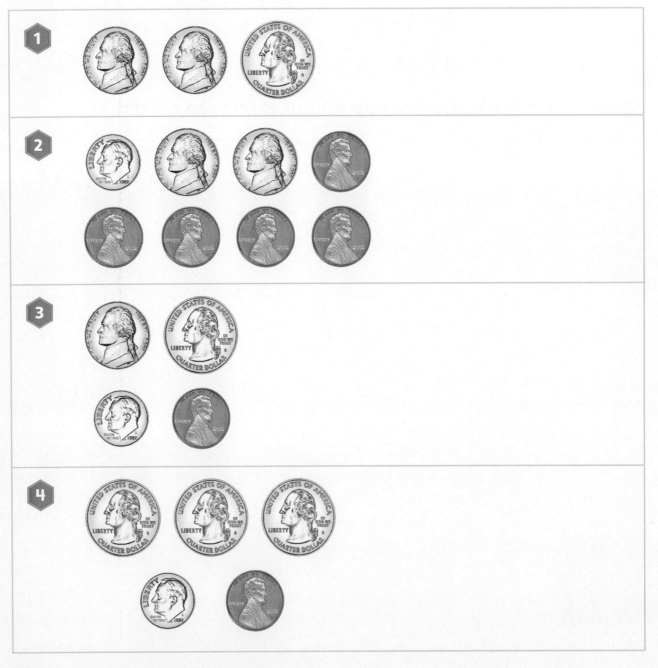

NOTA

Los estudiantes practican cómo contar dinero.

TMI Valores y equivalencias de monedas

¿Cuántas decenas?
¿Cuántas centenas?

¿Cuántas decenas?
¿Cuántas centenas?

NOMBRE   FECHA

Problemas sobre *Bingo: Más 9 o menos 9*

Kira y Jake están jugando a *Bingo: Más 9 o menos 9*.
Debajo se muestran algunos de sus turnos.

7	10	2	8
26	21	19	14
1	12	20	11
9	29	5	3

1 Kira volteó un 10.
¿Qué números puede
tapar? _____
Escoge uno y tápalo en
el tablero.

2 Jake volteó un 12.
¿Qué números puede
tapar? _____
Escoge uno y tápalo en el tablero.

3 Kira volteó un 17. ¿Qué números
puede tapar? _____
Escoge uno y tápalo en el tablero.

4 Jake volteó un 20. ¿Qué números
puede tapar? _____
Escoge uno y tápalo en el tablero.

5 ¿Qué tarjetas necesitarían voltear Kira y
Jake para obtener 4 en una fila?

_____

NOTA

Los estudiantes resuelven problemas sobre el juego *Bingo: Más 9 o menos 9*.

NOMBRE   FECHA

Las matemáticas en esta unidad

Estimada familia:

Nuestra clase va a comenzar una nueva unidad de matemáticas llamada *¿Cuántas decenas? ¿Cuántas centenas?* En esta tercera unidad numérica de segundo grado, los estudiantes continúan trabajando en la resolución de problemas de suma y resta, en la comprensión del valor de posición, en la composición de números de 3 dígitos y en la suma y resta de números de 2 dígitos. Además, siguen practicando operaciones de suma y resta hasta 20 con el objetivo de adquirir fluidez con estas operaciones hacia el final del segundo grado.

A lo largo de esta unidad, los estudiantes trabajarán para cumplir los siguientes objetivos:

Puntos de referencia	Ejemplos
Resolver un problema-cuento de 2 pasos que incluya hallar la diferencia entre un número de 2 dígitos y 100.	Franco tiene 35¢. Sally tiene 37¢. ¿Cuánto dinero más necesitan para comprar una revista de historietas que cuesta $1.00?
Entender que los números de 3 dígitos representan cantidades de centenas, decenas y unidades.	234 *"Hay dos hojas de 100, 3 tiras de 10 y 4 sueltas.* *Hay dos centenas, 3 decenas y 4 unidades.* *234 = 200 + 30 + 4".*
Leer, escribir y comparar números hasta 100.	104 < 111

NOMBRE   FECHA

Las matemáticas en esta unidad

Puntos de referencia	Ejemplos
Sumar/restar 10 o 100 a/de números hasta 1,000.	Número inicial: 189 10 menos: 179 10 más: 199 100 menos: 89 100 más: 289
Adquirir fluidez con números hasta 100.	Chen tenía 57 estampillas en su colección. Su hermano le dio 34 más. ¿Cuántas estampillas tiene Chen ahora en su colección? 57 + 34 = _____ 50 + 30 = 80 7 + 4 = 11 80 + 11 = 91
Resolver problemas-cuento de comparación con una cantidad desconocida más grande.	Sally y Franco tienen algunas canicas. Sally tiene 22 canicas. Franco tiene 43 canicas más que Sally. ¿Cuántas canicas tiene Franco?
Contar de 5 en 5, de 10 en 10 y de 100 en 100 hasta 1,000.	405 123 410 133 415 143 420 153 425 163 430 173

En nuestra clase, los estudiantes continúan haciendo problemas y actividades de matemáticas, además de comentar cómo resuelven un problema dado. Es importante que los niños resuelvan problemas de matemáticas correctamente de la manera que prefieran. En su casa, pida a su hijo(a) que le explique la manera en que está pensando. Pronto recibirá actividades sugeridas para hacer en casa para dar mayor apoyo a los conceptos matemáticos de esta unidad.

Problemas sobre *Capturar 5*

Resuelve cada problema y anota una
ecuación para cada movimiento.

1	2	3	4	5	6	7	8	9	10
11	12	13	14	15	16	17	18	19	20
21	22	23	24	25	26	27	28	29	30
31	32	33	34	35	36	37	38	39	40
41	42	43	44	45	46	47	48	49	50
51	52	53	54	55	56	57	58	59	60
61	62	63	64	65	66	67	68	69	70
71	72	73	74	75	76	77	78	79	80
81	82	83	84	85	86	87	88	89	90
91	92	93	94	95	96	97	98	99	100

1   Kira estaba en el 24. Usó
un +10, un +20 y un +2 para
capturar una ficha.

¿Dónde estaba la ficha? _____

2   Franco estaba en el 36. Usó
un +30, un +10 y un +3 para capturar una ficha.

¿Dónde estaba la ficha? _____

3   Jake estaba en el 64. Usó un −20, un −10
y un + 2 para capturar una ficha.

¿Dónde estaba la ficha? _____

4   Sally estaba en el 51. Usó un −10, un −30
y un −3 para capturar una ficha.

¿Dónde estaba la ficha? _____

NOTA

Los estudiantes resuelven problemas relacionados con el juego *Capturar 5*.

TMI Tabla de 100

¿Cuántas pegatinas hay?
¿Cuántas más para 100?

Resuelve cada problema y muestra tu trabajo.
Escribe una ecuación.

Jake compró 19 pegatinas de delfines en el
Quiosco de pegatinas. Al día siguiente,
compró 17 pegatinas de delfines más.

1 ¿Cuántas pegatinas más necesita Jake para
tener 100 pegatinas de delfines?

¿Cuántas pegatinas hay?
¿Cuántas más para 100?

Kira compró 24 pegatinas de estrellas en el Quiosco de pegatinas.
Al día siguiente, compró 18 pegatinas de estrellas más.

2 ¿Cuántas pegatinas de estrellas tiene Kira en total?

3 ¿Cuántas pegatinas más necesita Kira para tener 100 pegatinas de estrellas?

¿Cuántas más?

Resuelve cada problema y muestra tu trabajo.
Escribe una ecuación.

1 Sally tenía 37 pegatinas de surf. Su amigo le dio 25 pegatinas más. ¿Cuántas pegatinas de surf tiene Sally ahora? Colorea la cuadrícula para mostrar las pegatinas de Sally.

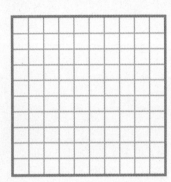

2 ¿Cuántas pegatinas más necesita Sally para tener 100 pegatinas de surf?

NOTA

Los estudiantes resuelven problemas que incluyen hallar una parte que falta.
TMI Problemas-cuento con un sumando desconocido

¿Cuántas más?

3 Jake tenía 23 pegatinas de pájaros.
Franco le dio 31 pegatinas más. ¿Cuántas
pegatinas de pájaros tiene Jake ahora?
Colorea la cuadrícula para mostrar las
pegatinas de Jake.

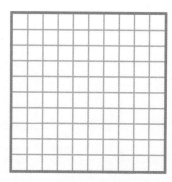

4 ¿Cuántas pegatinas más necesita Jake para
tener 100 pegatinas de pájaros?

Bingo: Más 9 o menos 9
Tablero de juego

7	21	2	8	4	16
3	10	19	14	25	9
1	12	20	11	6	29
9	13	11	28	22	10
0	9	27	23	15	11
17	5	10	18	24	26

Bingo: Más 9 o menos 9

Instrucciones

Necesitan:

○ Tablero de juego de *Bingo: Más 9 o menos 9* (SAB p. 303)

○ Fichas

○ Tarjetas de 0 a 20 (sin los comodines)

| 10 | 15 | 2 |

Bingo: Más 9 o menos 9
Tablero de juego

7	21	2	8	4	16
3	10	19	14	25	9
1	12	20	11	6	29
9	13	11	28	22	10
0	9	27	23	15	11
17	5	10	18	24	26

UNIDAD 5 | 303 | SESIÓN 1.3　　© Pearson Education 2

Juega con un compañero. Trabajen juntos.

1 Volteen una tarjeta de 0 a 20. | 11 |

2 Hallen los resultados al sumar y restar 9 a ese número.

$$11 + 9 = 20 \qquad 11 - 9 = 2$$

3 Tapen una de las respuestas en su tablero de juego. (Si ambas respuestas ya están tapadas, descarten la tarjeta y volteen una nueva).

7	21	2	8	4	16
3	10	19	14	25	9
1	12	●	11	6	29

4 Coloquen la tarjeta de 0 a 20 en la pila de descarte.

5 Sigan jugando hasta que todos los números de una fila estén tapados. Los números pueden ir en sentido horizontal ▭▭▭▭, vertical ▯ o en diagonal ▱.

Otras maneras de jugar

○ Jueguen con los comodines. Un comodín puede ser cualquier número.

○ Jueguen contra su compañero. Cada jugador debe usar una ficha de diferente color.

NOMBRE

FECHA

Maneras de formar un dólar

Usa el siguiente espacio para anotar tantas combinaciones de monedas que formen $1.00 como sea posible.

NOMBRE　　　　　　　　　FECHA

El número del día con monedas

El número del día es <u>53</u>.

Ejemplo: 25¢ + 25¢ + 1¢ + 1¢ + 1¢
25¢ + 25¢ + 5¢ − 1¢ − 1¢

1 Escribe al menos 5 maneras diferentes de formar el número del día con monedas.
Usa monedas de 1¢, 5¢, 10¢ o 25¢.

2 Escribe el número 53 en palabras.

_____

NOTA
_____

Los estudiantes escriben expresiones que son iguales al número del día usando monedas de diferentes valores. Hay muchas soluciones posibles.

TMI **Valores y equivalencias de monedas**

¿Cuánto más para 100?
¿Cuánto más para $1.00?

Resuelve los problemas y muestra tu trabajo.

1 Franco tiene 35¢. Sally tiene 37¢. Quieren comprar una revista de historietas que cuesta $1.00.
¿Cuánto dinero más necesitan?

¿Cuánto más para 100?
¿Cuánto más para $1.00?

2   **a.** Sally compró 38 pegatinas de gatos en el Quiosco de pegatinas. Al día siguiente compró 27 pegatinas de gatos más. ¿Cuántas pegatinas de gatos tiene Sally en total?

b. ¿Cuántas pegatinas de gatos más necesita Sally para tener 100?

¿Cuánto más para 100?
¿Cuánto más para $1.00?

3 **a.** Jake tiene 32¢. Kira tiene 36¢. ¿Cuánto dinero tienen en total?

b. Jake y Kira quieren comprar una revista de historietas que cuesta $1.00. ¿Cuánto dinero más necesitan?

¿Cuánto más para 100?
¿Cuánto más para $1.00?

4 Franco compró 43 pegatinas de perros en el Quiosco de pegatinas. Al día siguiente compró 38 pegatinas de perros más. ¿Cuántas pegatinas de perros más necesita Franco para tener 100?

NOMBRE   FECHA

Problemas para *Capturar 5*

Kira y Franco están jugando a *Capturar 5*.

1 El marcador de juego de Kira está en el 36. Ella quiere capturar una ficha que está en el 72.

| −10 | +30 | −1 | +1 | −2 |

¿Puede hacerlo con estas tarjetas de cambio? Si puede, ¿cómo? Si no puede, explica por qué no.

_____

_____

2 El marcador de juego de Franco está en el 50. Hay tres fichas en 6, 39 y 73.

| +20 | −30 | +2 | −1 | −3 |

¿Puede Franco capturar alguna de estas fichas con estas tarjetas de cambio? Si puede, ¿cómo? Si no puede, explica por qué no.

_____

_____

3 El marcador de juego de Jake está en el 75 y quiere capturar una ficha que está en el 50. ¿Qué tarjetas de cambio podría usar?

_____

_____

NOTA

Los estudiantes resuelven problemas que incluyen sumar y restar múltiplos de 10.
TMI Ecuaciones y expresiones equivalentes

Escribir ecuaciones para *Capturar 5*

1 El marcador de juego de Sally estaba en el 58.
Ella usó estas tarjetas para capturar una ficha:

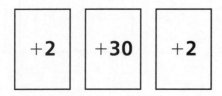

¿Dónde cayó?
Escribe una ecuación para mostrar sus movimientos.

Ecuación: _____

2 El marcador de juego de Franco estaba en el 19.
Él usó estas tarjetas para capturar una ficha:

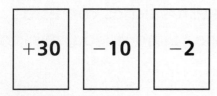

¿Dónde cayó?
Escribe una ecuación para mostrar sus movimientos.

Ecuación: _____

NOTA

Esta tarea está basada sobre un juego de matemáticas que los estudiantes han estado jugando para
practicar cómo sumar y restar decenas y unidades, además de escribir ecuaciones.
TMI **Ecuaciones y expresiones equivalentes**

NOMBRE   FECHA

Decir la hora

Lee cada reloj y anota qué hora es.
Anota y dibuja qué hora será en 1 hora.

¿Qué hora es?		¿Qué hora será en una hora?	
(reloj 9:15)	: _nueve y_ _cuarto_	(reloj)	: _____
(reloj)	: _____	(reloj)	: _____
(reloj)	: _____	(reloj)	: _____
(reloj)	: _____	(reloj)	: _____
(reloj)	: _____	(reloj)	: _____

NOTA

Los estudiantes practican cómo decir, anotar y determinar qué hora será al cuarto de hora.
TMI Medir el tiempo al cuarto de hora

NOMBRE   FECHA

Practicar las operaciones

Escoge 6 operaciones que te resulten difíciles de recordar. Escríbelas en las tarjetas en blanco.

12 ☐ 6 = 7
(written: − and 12 − 6 = 6)

Pista: 12 − 6 = 6

Usa algo que sepas para escribir una pista.
Practica estas operaciones con alguien en casa.

_____ ☐ _____ = _____

Pista: _____

_____ ☐ _____ = _____

Pista: _____

_____ ☐ _____ = _____

Pista: _____

_____ ☐ _____ = _____

Pista: _____

_____ ☐ _____ = _____

Pista: _____

_____ ☐ _____ = _____

Pista: _____

NOMBRE   FECHA

El número del día: 100

El número del día es <u>100</u>.

$$40 + 60 = 100$$
$$40 + 30 + 30 = 100$$
$$105 - 5 = 100$$

1 Muestra diferentes maneras de formar el número del día. Usa la suma y la resta.

2 Escribe el número 100 en palabras.

_____

NOTA

Los estudiantes escriben ecuaciones que son iguales al número del día. Hay muchas soluciones posibles.

TMI Ecuaciones y expresiones equivalentes

Sumas iguales a 100

Halla el número que falta para completar la ecuación.

1 _____ $+ 40 = 100$	**2** $65 +$ _____ $= 100$
3 _____ $+ 55 = 100$	**4** $80 +$ _____ $= 100$
5 $35 + 15 +$ _____ $= 100$	**6** $25 + 25 +$ _____ $= 100$

Repaso continuo

7 Coloca estos números en la recta numérica:

    50   25   90   10

0   100

8 Añade dos números más a la recta numérica.

NOTA

Los estudiantes practican cómo formar combinaciones iguales a 100.
TMI Maneras de formar 100

¿Cuántos bolsillos hay?

Escribe la cantidad de bolsillos de cada grupo.
Usa la información para hallar la cantidad total
de bolsillos.

Grupo 1: _____   Grupo 2: _____

Grupo 3: _____   Grupo 4: _____

¿Cuántas pegatinas hay?

Completa la tabla a partir de la información dada.

Cantidad	Notación de pegatina	Hojas, tiras y sueltas	Centenas, decenas y unidades	Ecuación
135		___ hojas ___ tiras ___ sueltas	___ centenas ___ decenas ___ unidades	
241		___ hojas ___ tiras ___ sueltas	___ centenas ___ decenas ___ unidades	
300		___ hojas ___ tiras ___ sueltas	___ centenas ___ decenas ___ unidades	
318		___ hojas ___ tiras ___ sueltas	___ centenas ___ decenas ___ unidades	

¿Cuántas pegatinas hay?

Cantidad	Notación de pegatina	Hojas, tiras y sueltas	Centenas, decenas y unidades	Ecuación
407		___ hojas ___ tiras ___ sueltas	___ centenas ___ decenas ___ unidades	
500		___ hojas ___ tiras ___ sueltas	___ centenas ___ decenas ___ unidades	
750		___ hojas ___ tiras ___ sueltas	___ centenas ___ decenas ___ unidades	
909		___ hojas ___ tiras ___ sueltas	___ centenas ___ decenas ___ unidades	

NOMBRE   FECHA

Comparar pegatinas

Mira este grupo de pegatinas. Encierra en un círculo el grupo con más pegatinas y explica cómo lo sabes.

1

Cantidad de pegatinas

_____

Cantidad de pegatinas

_____

¿Cómo sabes cuál es mayor? _____

2

Cantidad de pegatinas

_____

Cantidad de pegatinas

_____

¿Cómo sabes cuál es mayor? _____

3

Cantidad de pegatinas

_____

Cantidad de pegatinas

_____

¿Cómo sabes cuál es mayor? _____

NOTA

Los estudiantes identifican la mayor cantidad comparando la cantidad de centenas, decenas y unidades.

TMI **Representar el valor de posición: Centenas, decenas y unidades**

¿Cuántas pegatinas hay? 2

Completa la tabla a partir de la información dada.

Cantidad	Notación de pegatina	Hojas, tiras y sueltas	Centenas, decenas y unidades	Ecuación
183		___ hojas ___ tiras ___ sueltas	___ centenas ___ decenas ___ unidades	
		3 hojas 7 tiras 2 sueltas	___ centenas ___ decenas ___ unidades	
		___ hojas ___ tiras ___ sueltas	___ centenas ___ decenas ___ unidades	
		___ hojas ___ tiras ___ sueltas	___ centenas ___ decenas ___ unidades	$300 + 20 + 9 = 329$

¿Cuántas pegatinas hay? 2

Cantidad	Notación de pegatina	Hojas, tiras y sueltas	Centenas, decenas y unidades	Ecuación
		___ hojas ___ tiras ___ sueltas	2 centenas 5 decenas 2 unidades	
	•••• (ilustración)	___ hojas ___ tiras ___ sueltas	___ centenas ___ decenas ___ unidades	
426		___ hojas ___ tiras ___ sueltas	___ centenas ___ decenas ___ unidades	
		___ hojas ___ tiras ___ sueltas	___ centenas ___ decenas ___ unidades	$200 + 70 + 9 = 279$

PRÁCTICA DIARIA

¿Cuántas pegatinas hay?

1 Halla cuántas pegatinas se muestran.
Escribe una ecuación para mostrar cada grupo.

Notación de pegatinas	Ecuación
‖‖‖ ⋮	
☐ ‖‖ ⋮	
☐ ☐ ☐ ‖‖ ⋮	
☐ ☐ ☐ ☐ ☐ ⋮	

2 Usa la notación de pegatina.

Muestra 246 pegatinas.	Muestra 413 pegatinas.

NOTA

Los estudiantes trabajan con el valor de posición al determinar una cantidad total a partir de la cantidad de centenas, decenas y unidades y al representar una cantidad usando la notación del valor de posición.
TMI **Representar el valor de posición: Centenas, decenas y unidades**

NOMBRE

FECHA

Problemas para *Cerca de 100*

Imagina que esta es una mano de una partida de *Cerca de 100*.

Forma dos números de 2 dígitos que podrías usar para obtener una suma que esté lo más cerca de 100 posible.

| 5 | 8 | 1 | 3 | 6 | 9 |

_____ + _____ = _____

| 6 | 1 | 5 | 3 | 2 | 4 |

_____ + _____ = _____

NOTA

Los estudiantes practican cómo hallar pares de números de 2 dígitos para obtener sumas que estén lo más cerca de 100 posible. Pida a su hijo(a) que explique cómo escoger qué tarjetas usar.

TMI **Maneras de formar 100**

Hallar el número

Escribe cada número.

1 Número inicial: 189

10 menos	10 más	100 menos	100 más

2 Número inicial: 339

10 menos	10 más	100 menos	100 más

3 Número inicial: 571

10 menos	10 más	100 menos	100 más

4 Número inicial: 690

10 menos	10 más	100 menos	100 más

5 Número inicial: 801

10 menos	10 más	100 menos	100 más

Hallar el número

Escribe cada número.

6 Número inicial: 273

10 menos	10 más	100 menos	100 más

7 Número inicial: 482

10 menos	10 más	100 menos	100 más

8 Número inicial: 796

10 menos	10 más	100 menos	100 más

9 Número inicial: 857

10 menos	10 más	100 menos	100 más

10 Número inicial: 694

10 menos	10 más	100 menos	100 más

Más o menos 10, Más o menos 100

Menos 10	Número inicial	Más 10
	579	
	768	
	823	
	915	
	792	
	683	
	925	
	571	
	897	
	688	
	835	

NOTA

Los estudiantes practican cómo sumar 10 o 100 y cómo restar 10 o 100 a un número dado.

TMI **Sumar y restar 10 o 100**

Más o menos 10, Más o menos 100

Menos 100	Número inicial	Más 100
	847	
	542	
	631	
	778	
	896	
	557	
	838	
	618	
	805	
	657	
	589	

Repaso continuo

¿Qué combinación **no** forma 100?

Ⓐ 65 + 35   Ⓑ 25 + 70   Ⓒ 88 + 12   Ⓓ 77 + 23

Hallar el número 2

Escribe cada número.

1 Número inicial: 251

10 menos	10 más	100 menos	100 más

2 Número inicial: 762

10 menos	10 más	100 menos	100 más

3 Número inicial: 403

10 menos	10 más	100 menos	100 más

4 Número inicial: 523

10 menos	10 más	100 menos	100 más

5 Número inicial: 747

10 menos	10 más	100 menos	100 más

Hallar el número 2

Escribe cada número.

6 Número inicial: 145

10 menos	10 más	100 menos	100 más

7 Número inicial: 344

10 menos	10 más	100 menos	100 más

8 Número inicial: 538

10 menos	10 más	100 menos	100 más

9 Número inicial: 863

10 menos	10 más	100 menos	100 más

10 Número inicial: 722

10 menos	10 más	100 menos	100 más

NOMBRE   FECHA

El número del día: Adivina cuál es el número

1	7	9

1 Escribe todos los números posibles que puedas crear con los tres números de arriba.

_____

2 El número del día es menor que 750.

¿Qué números podrían ser? _____

3 El número del día también tiene más unidades que decenas.

¿Qué números podrían ser? _____

4 El número del día resuelve esta ecuación:

21 + _____ = 200.

¿Qué número es? _____

5 Escribe el número del día en palabras.

_____

NOTA

Los estudiantes usan pistas para hallar el número del día.
TMI **Representar el valor de posición: Centenas, decenas y unidades**

NOMBRE   FECHA

Números de 3 dígitos

1 Halla la cantidad total de pegatinas.
Escribe una ecuación que muestre la
cantidad de centenas, decenas y unidades.

Notación de pegatina:

Cantidad total de pegatinas: _____

Ecuación: _____

2 Usa la notación de pegatina para mostrar 725.
Escribe una ecuación que muestre la
cantidad de centenas, decenas y unidades.

Notación de pegatina:

Ecuación: _____

NOTA

Los estudiantes muestran números usando la notación de pegatina, ecuaciones y numerales.
TMI **Representar el valor de posición: Centenas, decenas y unidades**

Actividades relacionadas para hacer en casa

Estimada familia:

Las actividades sugeridas a continuación se relacionan con los conceptos matemáticos que estamos estudiando en clase. Realizar estas actividades juntos puede enriquecer la experiencia de aprendizaje matemático de su hijo(a).

Formar un dólar En la clase, estamos aprendiendo sobre valores de monedas y las equivalencias de un dólar. Examine monedas y pida a su hijo(a) que le hable de cada una. Comenten cuánto vale un dólar en monedas de 1¢, 5¢, 10¢ y 25¢. Hable sobre equivalencias: "Aquí tenemos 4 monedas de 25¢. ¿Cuánto vale? ¿Puedes hallar otra manera de formar $1.00?". "Tengo 7 monedas de 10¢. ¿Cuántas más necesito para tener $1.00?".

15 minutos más En esta unidad, vamos a seguir trabajando con el cuarto de hora (p. ej., 12:45, 3:15). En casa, su hijo(a) puede seguir practicando cómo decir la hora a la hora, a la media hora y al cuarto de hora. Observe si su hijo(a) puede calcular qué hora será en 1 hora, en media hora o en 15 minutos desde la hora actual. "Son las 6:15. ¿Qué hora será en 15 minutos? ¿Puedes hacer un dibujo de cómo se verá el reloj entonces?".

Resolver problemas de suma y resta Busque situaciones para sumar o restar números de 2 dígitos en su casa, tales como:

- Hay 36 frijoles en este frasco y 42 en este otro. Si vertemos los frijoles de ambos frascos en un tazón, ¿cuántos frijoles habrá en total?
- Si tienes 95 centavos y gastas 30, ¿cuántos te quedarán?

Tenga a mano lápiz y papel y anime a su hijo(a) a que le explique cómo está resolviendo los problemas.

Actividades relacionadas para hacer en casa

Bingo con combinaciones de suma Haga un tablero para Bingo con los números del 1 al 20 en una cuadrícula de 4 por 5. Voltee las dos primeras tarjetas de la baraja (del as al 10). Los jugadores deben tapar la suma si está en el tablero (p. ej., tapen 12 si sacan 7 y 5). Continúen volteando tarjetas y tapando sumas hasta que un jugador complete una fila. El jugador debe decir: "¡Bingo!".

Matemáticas y literatura Aquí le sugerimos algunos libros infantiles que contienen ideas relacionadas con los conceptos matemáticos de esta unidad. Busque estos libros en su biblioteca local y léanlos juntos.

deRubertis, Barbara. *Una colección para Kate.*
deRubertis, Barbara. *Cuenta con Pablo.*
Driscoll, Laura. *El chico del despegue.*
Murphy, Stuart J. *¿Cuánto falta para el partido?*
Murphy, Stuart J. *¡Tiburones, a nadar!*
Richards, Kitty. *¡Ya era hora, Max!*
Skinner, Daphne. *Tod el apretado.*

Problemas de suma, Grupo 1

Escribe una ecuación. Resuelve el problema y muestra tu trabajo.

1   Kira tenía 48 globos. Jake le dio 33 más. ¿Cuántos globos tiene Kira ahora?

2   Usa una estrategia diferente para resolver este problema. Muestra tu trabajo.

Problemas de suma, Grupo 1

3 Escribe un cuento que se empareje con la ecuación.

$44 + 26 =$ _____

_____

_____

_____

_____

_____

4 Resuelve el problema y muestra tu trabajo.

Problemas de suma, Grupo 2

Escribe una ecuación. Resuelve el problema y
muestra tu trabajo.

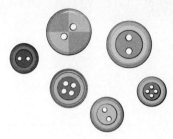

1 Franco tenía una colección de 57 botones.
Compró 34 más. ¿Cuántos botones
tiene ahora?

2 Usa una estrategia diferente para resolver
este problema. Muestra tu trabajo.

Problemas de suma, Grupo 2

3 Escribe un cuento que se empareje con la siguiente operación.

$$\begin{array}{r} 14 \\ + 49 \\ \hline \end{array}$$

_____

_____

_____

_____

_____

_____

_____

_____

4 Resuelve el problema y muestra tu trabajo.

¿Qué hora es?

Lee cada reloj. Anota qué hora es y escribe la hora en palabras. Luego, anota y dibuja qué hora será en 15 minutos.

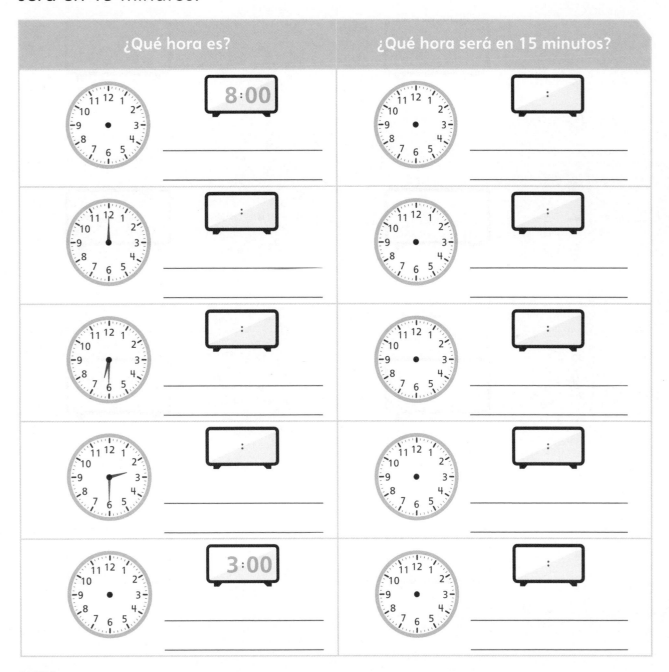

¿Qué hora es?	¿Qué hora será en 15 minutos?
8:00	:
:	:
:	:
:	:
3:00	:

NOTA

Los estudiantes practican cómo decir, anotar y determinar la hora a la hora, la media hora y el cuarto de hora.

TMI **Medir el tiempo; Partes de una hora**

¿Qué hora es?

Escribe la hora que marca cada reloj.	Muestra cada hora en el reloj.

NOTA

Los estudiantes escriben la hora que marca cada reloj y después dibujan las manecillas en cada reloj para decir la hora.

Sumas en casa

Escribe una ecuación. Resuelve el problema y muestra tu trabajo.

1 Jake tenía 39 monedas de 1¢. Su madre le dio 22 más. ¿Cuántas monedas de 1¢ tiene ahora?

2 Sally tenía 24 estampillas. Jake le dio 67 más. ¿Cuántas estampillas tiene ahora?

NOTA

Los estudiantes resuelven problemas-cuento y después escriben y resuelven su propio problema-cuento para emparejarlo con la ecuación dada.

TMI Problemas-cuento sobre comparación: Con números desconocidos más grandes

Sumas en casa

3 Escribe un cuento que se empareje con la siguiente ecuación.

$38 + 42 =$ _____

_____

_____

_____

_____

_____

4 Resuelve el problema y muestra tu trabajo.

Problemas de comparación y suma

Escribe una ecuación. Resuelve el problema y muestra tu trabajo.

Tanto Kira como Jake coleccionan pegatinas de tiburones.
Kira tiene 30 pegatinas de tiburones en su álbum de pegatinas.
Jake tiene 23 pegatinas de tiburones más que Kira.

---

1 ¿Tiene Jake más o menos pegatinas que Kira? _____
¿Cómo lo sabes? _____

_____

---

2 ¿Cuántas pegatinas tiene Jake?

---

3 Si Kira y Jake combinaran sus pegatinas, ¿cuántas tendrían en total?

Problemas de comparación y suma

Escribe una ecuación. Resuelve el problema y muestra tu trabajo.

Franco y Sally reunieron latas para un proyecto de reciclaje. Franco reunió 35 latas. Reunió 20 latas menos que Sally.

4 ¿Reunió Sally más o menos latas que Franco? _____

¿Cómo lo sabes? _____

_____

5 ¿Cuántas latas reunió Sally?

6 ¿Cuántas latas reunieron Franco y Sally en total?

Contar de 5 en 5

Completa las tiras de conteo.

1

35
40
45
50

2

210
215
220
225

3

165
170
175
180

4

350
355
360
365

NOTA

Los estudiantes practican cómo contar de 5 en 5 y razonan sobre qué números podrían o no podrían ser parte de la secuencia de conteo de 5 en 5.

TMI **Conteo salteado de 5 en 5 y de 10 en 10**

Contar de 5 en 5

Resuelve los problemas.

5 La clase de Kira contó salteado de 5 en 5.
Empezaron en 265 y hay 20 estudiantes en la clase. ¿En qué número terminaron? _____

Haz una lista de los números que dijeron en la clase de Kira.

Números que dijo la clase de Kira	

6 La clase de Franco contó salteado de 5 en 5 empezando en 50. Terminaron en 250. ¿Cuáles de estos números dijeron? Escribe Sí o No para cada uno.

45 _____   105 _____   60 _____   75 _____

215 _____   85 _____   55 _____   25 _____

7 ¿Podrían haber dicho los siguientes números en la clase de Franco? Explica por qué sí o por qué no.

75 _____

99 _____

180 _____

243 _____

NOTA _____

Los estudiantes practican cómo contar de 5 en 5 y cómo resolver problemas acerca del conteo de 5 en 5.

NOMBRE   FECHA

Problemas de comparación y suma 2

Escribe una ecuación. Resuelve el problema y muestra tu trabajo.

Kira y Jake coleccionan pegatinas de delfines. Jake tiene 45 pegatinas de delfines. Tiene 10 menos que Kira.

1 ¿Tiene Kira más o menos pegatinas de delfines que Jake? _____
¿Cómo lo sabes? _____

_____

2 ¿Cuántas pegatinas de delfines tiene Kira?

3 Si Kira y Jake combinaran sus pegatinas, ¿cuántas tendrían en total?

Problemas de comparación y suma 2

Escribe una ecuación. Resuelve el problema y muestra tu trabajo.

Sally y Franco tienen algunas canicas.
Sally tiene 22 canicas. Franco tiene 43 canicas
más que Sally.

---

4   ¿Tiene Franco más o menos canicas
que Sally? _____
¿Cómo lo sabes? _____
_____

---

5   ¿Cuántas canicas tiene Franco?

---

6   Si Sally y Franco combinaran sus canicas,
¿cuántas tendrían en total?

Práctica de operaciones

Escoge 6 operaciones que te resulten difíciles de recordar. Escríbelas en las tarjetas en blanco.

12 ☐- 6 = 7

Pista: 12 - 6 = 6

Usa algo que sepas para escribir una pista.
Practica estas operaciones con alguien en casa.

_____ ☐ _____ = _____

Pista: _____

_____ ☐ _____ = _____

Pista: _____

_____ ☐ _____ = _____

Pista: _____

_____ ☐ _____ = _____

Pista: _____

_____ ☐ _____ = _____

Pista: _____

_____ ☐ _____ = _____

Pista: _____

NOMBRE   FECHA

Problemas sobre más que/menos que

Escribe el número que resuelva cada uno
de estos problemas.

1 ¿Qué número es 30 más que 60? _____

2 ¿Qué número es 24 más que 40? _____

3 ¿Qué número es 30 menos que 86? _____

4 ¿Qué número es 42 más que 35? _____

5 ¿Qué número es 61 menos que 81? _____

NOTA

Los estudiantes resuelven problemas sobre más que/menos que usando sumas y restas.
TMI **Problemas-cuento de comparación: Con números desconocidos más grandes**

Resolver problemas sumando decenas y unidades

Escribe una ecuación. Resuelve el problema usando la estrategia de sumar decenas y unidades. Muestra tu trabajo.

1 Kira tiene 37 monedas de 1¢. Su mamá le dio 48 monedas de 1¢ más. ¿Cuántas monedas de 1¢ tiene Kira ahora?

2 Escribe un cuento que se empareje con esta operación.

$$\begin{array}{r} 65 \\ + 26 \\ \hline \end{array}$$

_____

_____

_____

Resuelve el problema usando la estrategia de sumar decenas y unidades. Muestra tu trabajo.

Resolver problemas sumando decenas y unidades

Escribe una ecuación. Resuelve el problema usando la estrategia de sumar decenas y unidades. Muestra tu trabajo.

3 Sally tiene 36 pegatinas de delfines. Su mamá le da 45 más. ¿Cuántas pegatinas de delfines tiene Sally?

4 Escribe un cuento que se empareje con esta operación.

$$\begin{array}{r} 57 \\ + 38 \\ \hline \end{array}$$

_____

_____

_____

Resuelve el problema usando la estrategia de sumar decenas y unidades. Muestra tu trabajo.

Problemas de comparación y suma 3

Escribe una ecuación. Resuelve el problema y muestra tu trabajo.

Tanto Jake como Sally coleccionan
pegatinas de perros.
Jake tiene 50 pegatinas de perros.
Sally tienen 38 pegatinas más que Jake.

1 ¿Tiene Jake más o menos pegatinas que Sally? _____
¿Cómo lo sabes? _____

_____

2 ¿Cuántas pegatinas tiene Sally?

3 Si Jake y Sally combinaran sus pegatinas,
¿cuántas tendrían en total?

Problemas de comparación y suma 3

Escribe una ecuación. Resuelve el problema y muestra tu trabajo.

Franco y Kira reunieron hojas para un proyecto de artes. Franco reunió 65 hojas. Él reunió 20 hojas menos que Kira.

---

4   ¿Reunió Kira más o menos hojas que Franco? _____

¿Cómo lo sabes? _____

_____

---

5   ¿Cuántas hojas reunió Kira?

---

6   ¿Cuántas hojas reunieron Franco y Kira en total?

NOMBRE   FECHA

Ir al cine

Escribe una ecuación. Resuelve el problema manteniendo un número entero y sumando el otro en partes. Muestra tu trabajo.

1 El lunes, 38 personas fueron a ver una película de terror. 56 personas fueron a ver una película de comedia. ¿Cuántas personas fueron al cine el lunes?

2 El martes, 23 personas fueron a ver una película de dinosaurios. 49 personas fueron a ver una película de tiburones. ¿Cuántas personas fueron al cine el martes?

Resolver problemas sumando en partes

Escribe una ecuación. Resuelve el problema
manteniendo un número entero y sumando el
otro en partes. Muestra tu trabajo.

 1   Kira contó 49 mariquitas en el árbol y
28 mariquitas en el piso. ¿Cuántas
mariquitas contó Kira?

 2   Escribe un cuento que se empareje con
esta operación.   **39 + 22**

_____

_____

_____

_____

Resuelve el problema manteniendo un
número entero y sumando el otro en partes.

Resolver problemas sumando en partes

Escribe una ecuación. Resuelve el problema manteniendo un número entero y sumando el otro en partes. Muestra tu trabajo.

3 Franco contó 27 crayones en el piso y 68 crayones en los escritorios.
¿Cuántos crayones contó Franco?

4 Escribe un cuento que se empareje con esta operación.

$46 + 38$

_____

_____

_____

_____

Resuelve el problema manteniendo un número entero y sumando el otro en partes.

Problemas de comparación y suma 4

Resuelve el problema y muestra tu trabajo. Escribe una ecuación.

Tanto Jake como Kira coleccionan pegatinas de caballos. Jake tiene 56 pegatinas de caballos. Kira tiene 45 pegatinas de caballos más que Jake.

1 ¿Tiene Jake más o menos pegatinas de caballos que Kira? _____
¿Cómo lo sabes? _____

_____

2 ¿Cuántas pegatinas de caballos tiene Kira?

3 Si Jake y Kira combinaran sus pegatinas, ¿cuántas tendrían en total?

ACTIVIDAD

NOMBRE   FECHA

Problemas de comparación y suma 4

Resuelve el problema y muestra tu trabajo. Escribe una ecuación.

Tanto Franco como Sally coleccionan pegatinas de delfines. Franco tiene 58 pegatinas de delfines. Tiene 30 pegatinas menos que Sally.

4 ¿Tiene Sally más o menos pegatinas de delfines que Franco? _____

¿Cómo lo sabes? _____

_____

5 ¿Cuántas pegatinas de delfines tiene Sally?

6 Si Franco y Sally combinaran sus pegatinas, ¿cuántas tendrían en total?

Contar de 5 en 5 y de 10 en 10, ¡otra vez!

Completa las tiras de conteo.

1

410
415
425

2

123
133
153

3

305
310
325

4

530
550
560

NOTA

Los estudiantes practican cómo contar de 5 en 5 y de 10 en 10, y razonan sobre qué números podrían y no podrían ser parte de las secuencias de conteo de 5 en 5 y de 10 en 10.

TMI **Conteo salteado de 5 en 5 y de 10 en 10**

Contar de 5 en 5 y de 10 en 10, ¡otra vez!

Resuelve los problemas.

Números que dijo la clase de Kira	

5 La clase de Kira contó salteado de 10 en 10. Empezaron en 483. Hay 20 estudiantes en la clase. ¿En qué número terminaron? _____

Haz una lista de los números que dijeron en la clase de Kira.

6 La clase de Franco contó salteado de 5 en 5 empezando en 345. Terminaron en 500. ¿Cuáles de estos números dijeron? Escribe Sí o No para cada uno.

300 _____   360 _____   435 _____   380 _____

475 _____   325 _____   390 _____   285 _____

7 ¿Podrían haber dicho los siguientes números en la clase de Franco? Explica por qué sí o por qué no.

351 _____

385 _____

400 _____

426 _____

Boletos de premio

En la feria de primavera, Kira gana 200 boletos de premio.

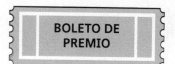

BOLETO DE PREMIO

1 ¿Qué premios puede cambiar por 100 boletos?

Carro: 20 boletos	Osito: 20 boletos
Gorra: 45 boletos	Pelota: 20 boletos
Rana: 10 boletos	Borrador: 5 boletos

Muestra tu trabajo y escribe una ecuación.

NOTA

Los estudiantes resuelven problemas de la vida diaria que incluyen los conceptos matemáticos de esta unidad.

TMI Maneras de formar 100

© Pearson Education 2

NOMBRE   FECHA

Boletos de premio

2 ¿Qué premios puede cambiar Kira por los otros 100 boletos?

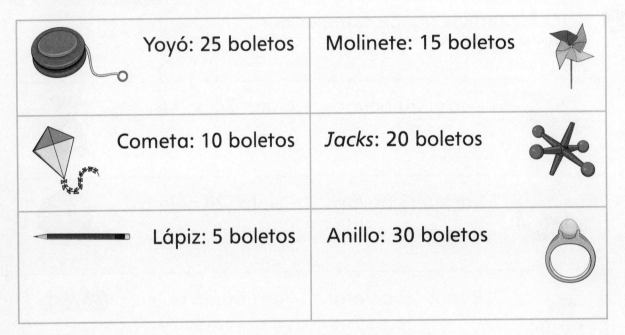

Yoyó: 25 boletos	Molinete: 15 boletos
Cometa: 10 boletos	*Jacks*: 20 boletos
Lápiz: 5 boletos	Anillo: 30 boletos

Muestra tu trabajo y escribe una ecuación.

El número del día: 200

El número del día es <u>200</u>.

1 Escribe expresiones usando solo dos números de la secuencia de conteo de 10 en 10.

Ejemplo:
100 + 100
10 + 190

2 Escribe el número 200 en palabras.

_____

Bolsas de frijoles: ¿Hay suficientes para todo el grado?

Escribe una ecuación. Resuelve el problema y muestra tu trabajo.

En la escuela primaria Pine Hill hay dos clases de segundo grado.
En la Clase 2A hay 19 estudiantes.
En la Clase 2B hay 7 estudiantes más que en la Clase 2A.

1 ¿Cuántos estudiantes hay en la Clase 2B?

2 ¿Cuántos estudiantes hay en el segundo grado de la escuela Pine Hill?

Bolsas de frijoles: ¿Hay suficientes para todo el grado?

Escribe una ecuación. Resuelve el problema y muestra tu trabajo.

El maestro de educación física de la escuela Pine Street tiene una canasta con bolsas de frijoles. Tiene 38 bolsas de frijoles verdes y 18 amarillas.

3 ¿Hay suficientes bolsas de frijoles para todo el grado?

4 ¿Sobran bolsas de frijoles?
Si sobran, ¿cuántas?
Si no, ¿cuántas más se necesitan?

Bizcochitos: ¿Hay suficientes para todo el grado?

Escribe una ecuación. Resuelve el problema y muestra tu trabajo.

En la escuela Smith hay dos clases de segundo grado.
Hay 26 estudiantes en la clase de la Srta. Pope.
La clase del Sr. Baker tiene 3 estudiantes más que
la clase de la Srta. Pope.

1 ¿Cuántos estudiantes hay en la clase del Sr. Baker?

2 ¿Cuántos estudiantes hay en el segundo grado de la escuela Smith?

Bizcochitos: ¿Hay suficientes para todo el grado?

Escribe una ecuación. Resuelve el problema y muestra tu trabajo.

Quedaron algunos bizcochitos de la venta de pasteles de la escuela Smith. Hay 42 bizcochitos de chocolate y 18 de vainilla.

3 ¿Hay suficientes bizcochitos para todo el grado?

4 ¿Sobra algún bizcochito?
Si sobran, ¿cuántos?
Si no, ¿cuántos más se necesitan?

Pegatinas en 4 grupos

James compró las siguientes cantidades de
pegatinas en el Quiosco de pegatinas.
Halla la cantidad total de pegatinas que compró James.

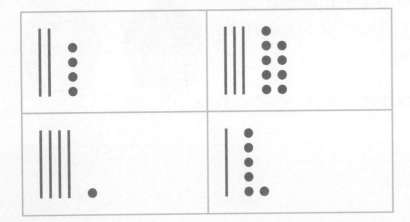

1 Escribe una ecuación y muestra cómo lo calculaste.

2 ¿Cuántas pegatinas compró James

en total? _____

NOTA

Los estudiantes combinan cuatro números para determinar la cantidad total de pegatinas.
TMI **Quiosco de pegatinas: Decenas y unidades**

NOMBRE

FECHA

¿Cuántos bolsillos hay?

Escribe la cantidad de bolsillos de cada grupo. Usa la información para hallar la cantidad total de bolsillos. Muestra tu trabajo.

Grupo 1: _____

Grupo 2: _____

Grupo 3: _____

Grupo 4: _____

Lápices: ¿Hay suficientes para todo el grado?

Escribe una ecuación. Resuelve el problema y
muestra tu trabajo.

En la escuela Green Ridge hay tres clases de segundo grado.
En la clase de la Srta. Murray hay 22 estudiantes.
En la clase del Sr. Cole hay 24 estudiantes.
En la clase de la Sra. Díaz hay 23 estudiantes.

1   ¿Cuántos estudiantes hay en el segundo grado de la
    escuela Green Ridge?

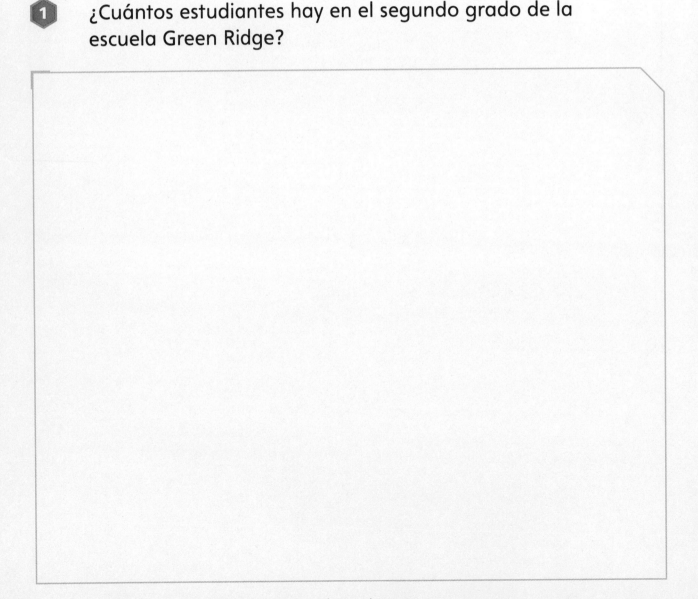

Lápices: ¿Hay suficientes para todo el grado?

Escribe una ecuación. Resuelve el problema y muestra tu trabajo.

La directora de la escuela Green Ridge tiene 2 cajas de lápices. Tiene 34 lápices en una caja. La otra caja contiene 10 lápices más.

2 ¿Cuántos lápices tiene la directora?

3 ¿Hay suficientes lápices para todo el grado? _____

4 ¿Sobran lápices? Si sobran, ¿cuántos? Si no, ¿cuántos más se necesitan?

Paletas: ¿Hay suficientes para todo el grado?

Escribe una ecuación. Resuelve el problema y muestra tu trabajo.

En la escuela Conant hay dos clases de segundo grado.
En la clase de la Sra. Chan hay 32 estudiantes.
En la clase del Sr. Smith hay 7 estudiantes menos
que en la clase de la Sra. Chan.

1 ¿Cuántos estudiantes hay en la clase del Sr. Smith?

2 ¿Cuántos estudiantes hay en el segundo grado de la escuela Conant?

Paletas: ¿Hay suficientes para todo el grado?

Escribe una ecuación. Resuelve el problema y muestra tu trabajo.

El segundo grado de la escuela Conant está preparando una fiesta. Hay 27 paletas de uva, 16 de limón y 12 de cereza.

3 ¿Hay suficientes paletas para todo el grado?

4 ¿Sobran paletas? Si sobran, ¿cuántas?
Si no, ¿cuántas más se necesitan?

NOMBRE   FECHA

Problemas sobre *Bingo: Más 9 o menos 9*

Sally y Jake están jugando a *Bingo: Más 9 o menos 9*. Debajo se muestran algunos de los turnos.

7	10	2	8
26	21	19	25
28	12	20	11
9	23	5	3

1 Sally volteó un 16. ¿Qué números puede tapar? _____
Escoge uno y tápalo en el tablero.

2 Jake volteó un 11. ¿Qué números puede tapar? _____
Escoge uno y tápalo en el tablero.

3 Sally volteó un 14. ¿Qué números puede tapar? _____
Escoge uno y tápalo en el tablero.

4 Jake volteó un 19. ¿Qué números puede tapar? _____
Escoge uno y tápalo en el tablero.

5 ¿Qué tarjetas necesitarían voltear Jake y Sally para obtener 4 en una fila?

_____

NOTA

Los estudiantes resuelven problemas relacionados con el juego *Bingo: Más 9 o menos 9*.

NOMBRE _____ FECHA _____

El número del día: Adivina cuál es el número

1 Escribe todos los números posibles que puedas crear con los tres números de arriba.

_____

2 El número del día es menor que 600.

¿Qué números podrían ser? _____

3 El número del día también tiene más unidades que decenas.

¿Qué números podrían ser? _____

4 El número del día resuelve esta ecuación: $52 +$ _____ $= 600$.

¿Qué número es? _____

5 Escribe al menos 5 ecuaciones para el número del día, incluyendo una que muestre el número como la suma de centenas, decenas y unidades.

_____

_____

_____

_____

_____

6 Escribe el número del día en palabras.

_____

NOTA

Los estudiantes usan pistas para hallar el número del día.
TMI **Representar el valor de posición: Centenas, decenas y unidades**

¿Qué distancia
puedes saltar?

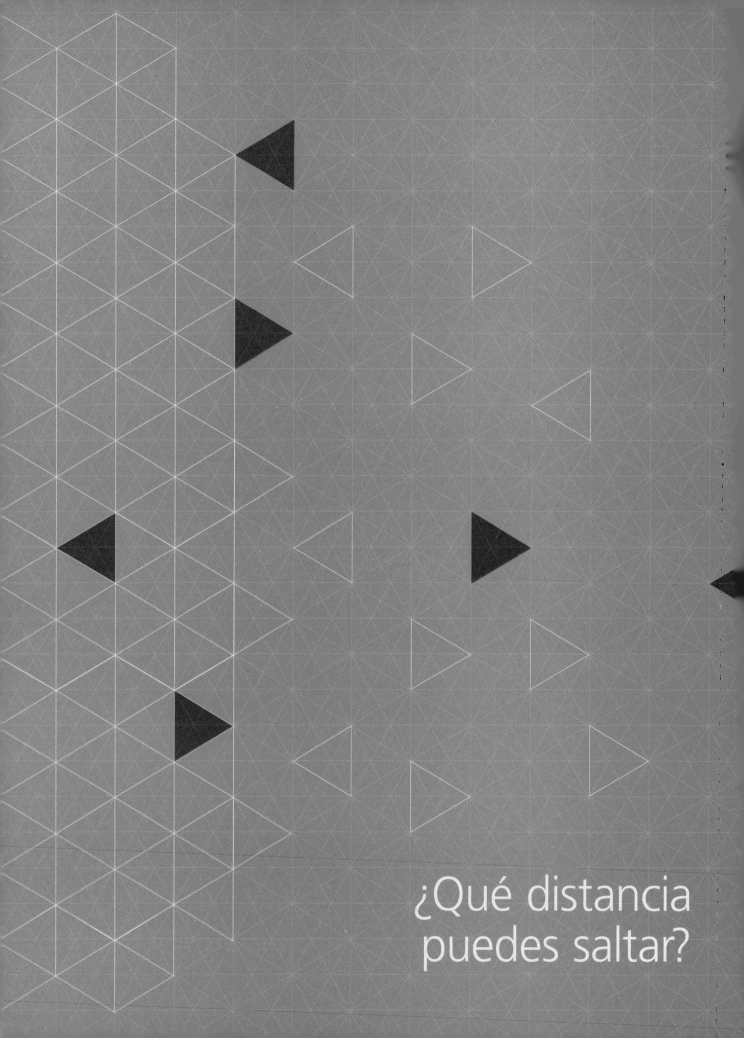

¿Qué distancia
puedes saltar?

¿Qué distancia puedes saltar?

1 Usa cada unidad para medir cada uno de tus saltos.

	un salto de rana	un salto de conejo	un salto de niño
👟			
▬			
📎			

2 ¿Qué observas sobre la longitud de tus saltos?

_____

_____

3 ¿Qué tipo de salto (de rana, conejo o niño) fue el más largo? ¿Cómo lo sabes?

_____

_____

4 ¿Necesitaste más clips o más palillos de manualidades para medir el salto más largo? ¿Por qué crees que fue así?

_____

_____

NOMBRE   FECHA

La hora al cuarto de hora

Lee cada reloj y anota qué hora es.
Luego, muestra qué hora será en 1 hora y anota
la respuesta.

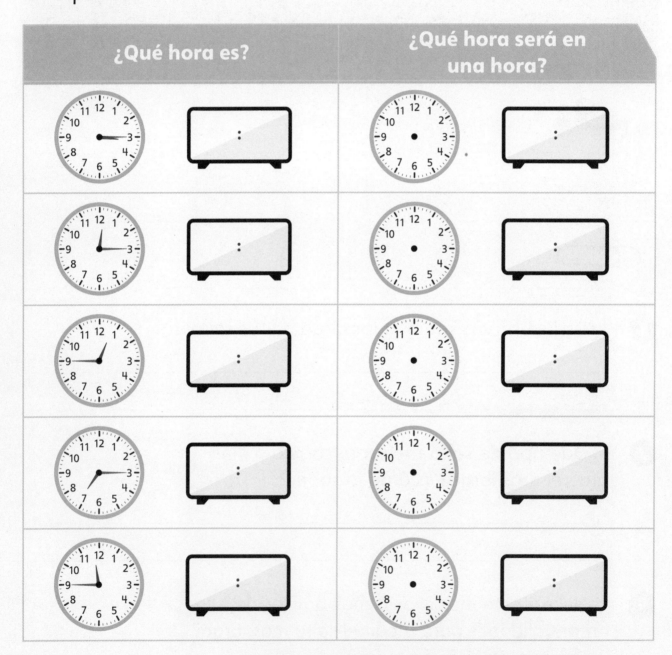

¿Qué hora es?	¿Qué hora será en una hora?

NOTA

Los estudiantes practican cómo decir la hora al cuarto de hora, determinar qué hora será en una hora
y anotar la hora usando la notación de relojes analógicos y digitales.

TMI **Decir la hora al cuarto de hora**

NOMBRE   FECHA   (PÁGINA 1 DE 2)

Las matemáticas en esta unidad

Estimada familia:

Nuestra clase va a comenzar una nueva unidad de matemáticas llamada *¿Qué distancia puedes saltar?*. Los estudiantes medirán longitudes y distancias, y resolverán problemas-cuento con mediciones. Vamos a trabajar con una variedad de unidades de medición, incluyendo tanto unidades no estándar, tales como la longitud de zapatos, palillos de manualidades, clips y cubos, así como unidades estándar, tales como pulgadas, pies, yardas, centímetros y metros.

A lo largo de esta unidad, los estudiantes trabajarán para cumplir los siguientes objetivos:

Puntos de referencia / Objetivos	Ejemplos
Reconocer que, al medir la misma longitud, se necesita menor cantidad de las unidades más grandes (y viceversa).	Los clips son más pequeños, por tanto, se necesita más cantidad para medir el libro.
Estimar y medir longitudes en pulgadas, pies, centímetros y metros.	El borrador mide 5 pulgadas de longitud.

Las matemáticas en esta unidad

Puntos de referencia / Objetivos	Ejemplos
Representar datos de mediciones en un diagrama de puntos.	**Saltos de conejo** Diagrama de puntos: 65: XXXX 66: XXXXX 67: XX 68: X 69: XXX 70: XXX 71: XX 72: X 73: 74: XX 75: 76: XXX Distancia (en centímetros)
Resolver comparaciones y otros problemas-cuento sobre longitudes.	Jake saltó dos veces. 1.ᵉʳ salto: 63 pulgadas 2.ᵈᵒ salto: 59 pulgadas 1. ¿Cuánto más largo fue el primer salto que el segundo? 2. Si combinas los saltos de Jake, ¿qué distancia saltó?

Pronto recibirá actividades sugeridas para hacer en casa para dar mayor apoyo a los conceptos matemáticos de esta unidad. Esperamos poder compartir con usted nuestros trabajos de medición.

Comparar saltos

Diste un salto de niño, un salto de conejo y un salto de rana.

Mi salto más largo fue un salto de _____ .

Mi salto más corto fue un salto de _____ .

1 Cuando mediste con la longitud de tus zapatos,
- ¿cuánto midió tu salto más largo? _____
- ¿cuánto midió tu salto más corto? _____
- ¿cuántas longitudes de zapato más que tu salto más corto midió tu salto más largo? _____

2 Cuando mediste con palillos de manualidades,
- ¿cuánto midió tu salto más largo? _____
- ¿cuánto midió tu salto más corto? _____
- ¿cuántos palillos menos que tu salto más largo midió tu salto más corto? _____

3 Cuando mediste con clips,
- ¿cuánto midió tu salto más largo? _____
- ¿cuánto midió tu salto más corto? _____
- ¿cuántos clips más que tu salto más corto midió tu salto más largo? _____

Medir con lápices

Franco y Sally midieron el ancho de un escritorio.
Usaron lápices como unidad de medida.
Estas son sus mediciones:

Franco: 32 lápices   Sally: 46 lápices

1 ¿Por qué obtuvieron diferentes mediciones?

_____

_____

_____

2 ¿Qué lápiz pertenece a Franco? Enciérralo
en un círculo.

¿Qué lápiz es de Sally? Dibuja una línea
debajo.

Repaso continuo

3 Jacy tiene 36 pegatinas de gatos y
29 pegatinas de caballos.
¿Cuántas pegatinas tiene Jacy en total?

Ⓐ 55   Ⓑ 65   Ⓒ 67   Ⓓ 71

NOTA

Los estudiantes responden a preguntas sobre mediciones tomadas con unidades de diferente tamaño.
TMI **Medir con unidades de diferente longitud**

Medir saltos con cubos

Mide tu salto más largo y tu salto más corto con cubos.

1 Mi salto más largo mide _____ cubos.

2 Mi salto más corto mide _____ cubos.

3 ¿Cuántos cubos más que tu salto más corto mide tu salto más largo?
Escribe una ecuación que muestre el problema.
Resuelve el problema y muestra tu trabajo.

Una competencia de salto

Los estudiantes de la Sala 203 realizaron una competencia de saltos entre saltamontes.

Saltamontes	Longitud del salto
Saltamontes del Grupo A	36 cubos
Saltamontes del Grupo B	42 cubos
Saltamontes del Grupo C	25 cubos
Saltamontes del Grupo D	57 cubos

1 ¿El saltamontes de qué grupo dio el salto más largo?

_____

2 ¿El saltamontes de qué grupo dio el salto más corto?

_____

3 ¿Cuántos cubos más que el salto más corto midió el salto más largo? _____ cubos

4 Si el Grupo D tenía solamente 40 cubos, ¿cómo pudieron medir los estudiantes el salto de su saltamontes?

_____

_____

NOTA

Los estudiantes comparan mediciones para hallar los saltos más largos y más cortos y, luego, hallar la diferencia entre ambos.

TMI **Estrategias para medir correctamente**

NOMBRE

FECHA

¿Cuánto más largo?

Usa información de tu clase para completar los espacios en blanco.

1 El salto más largo de la clase midió

_____ cubos.

2 El salto más corto de la clase midió

_____ cubos.

3 ¿Cuánto más que el salto más largo midio el salto más corto?
Escribe una ecuación que muestre el problema.
Resuelve el problema y muestra tu trabajo.

NOTA

Los estudiantes comparan mediciones para hallar los saltos más largos y más cortos y, luego, hallar la diferencia entre ambos.

Saltos en la Tierra de las pulgadas

Usa ladrillos de una pulgada para calcular qué distancia saltó cada atleta.

1 Pim saltó tanto como el ancho de este papel.
¿Qué distancia saltó Pim?

_____ ladrillos de una pulgada

2 Ren saltó tanto como la longitud de un palillo de manualidades.
¿Qué distancia saltó Ren?

_____ ladrillos de una pulgada

3 Hap saltó tanto como la longitud de este papel.
¿Qué distancia saltó Hap?

_____ ladrillos de una pulgada

4 Tob saltó tanto como la longitud de una barra de pegamento.
¿Qué distancia saltó Tob?

_____ ladrillos de una pulgada

NOMBRE _____ FECHA _____

Saltos de rana toro

1 Kira tiene una rana toro como mascota. Ella midió la distancia que podía saltar su rana. Usa los datos para hacer un diagrama de puntos.

Rana	Distancia (ladrillos de una pulgada)
A	49
B	46
C	48
D	49
E	50
F	50
G	47
H	46
I	47
J	50
K	46
L	47
M	50

Saltos de la rana

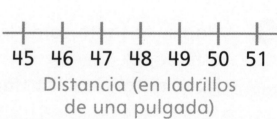

Distancia (en ladrillos de una pulgada)

2 ¿Cuántas veces saltó la rana de Kira 50 ladrillos de una pulgada? _____

3 ¿Cuántas veces saltó la rana de Kira 46 ladrillos de una pulgada? _____

4 ¿Qué distancia saltó más veces la rana de Kira, 49 ladrillos de una pulgada o 47? _____ ladrillos de una pulgada

---

NOTA

Los estudiantes crean un diagrama de puntos y usan los datos para responder a problemas sobre la distancia que saltó una rana.

`TMI` **Diagramas de puntos**

Medir con ladrillos de una pulgada en casa

Usa tus ladrillos de una pulgada para medir objetos de tu casa.
Si quieres, recorta la herramienta de medición de abajo.
Después, pega los ladrillos de una pulgada sobre la herramienta de medición.

1 Busca algo que mida 6 ladrillos de una pulgada de longitud.
¿Qué es? _____

2 Busca algo que mida 3 ladrillos de una pulgada de longitud.
¿Qué es? _____

3 ¿Cuánto mide tu tubo de pasta de dientes?
_____ ladrillos de una pulgada

4 ¿Cuánto mide una barra de jabón?
_____ ladrillos de una pulgada

5 ¿Cuánto mide una cuchara?
_____ ladrillos de una pulgada

Herramienta de medición:

NOTA

Los estudiantes usan ladrillos de una pulgada para medir objetos de su casa.
TMI **Usar una unidad común; Diferentes maneras de medir longitudes**

Ropa de la Tierra de las pulgadas

Mide cada objeto con tu herramienta de medición de ladrillos de una pulgada. Anota cada longitud.

1 La longitud de la capa de la princesa Funer es tan larga como tu lápiz.

¿Cuánto mide la capa de la princesa Funer? _____ ladrillos de una pulgada

2 La longitud de la chaqueta de Ren es de 12 cubos.

¿Cuánto mide la chaqueta de Ren? _____ ladrillos de una pulgada

3 La longitud de las mangas de la camisa de Pim es de 2 palillos de manualidades.

¿Cuánto miden las mangas de la camisa de Pim? _____ ladrillos de una pulgada

4 La longitud de los calcetines hasta la rodilla de Raf es de 4 cubos.

¿Cuánto miden los calcetines hasta la rodilla de Raf? _____ ladrillos de una pulgada

5 La longitud de los pantalones de Nim es de 4 fichas de colores.

¿Cuánto miden los pantalones de Nim? _____ ladrillos de una pulgada

Ropa de la Tierra de las pulgadas

6 La altura de la corona del rey es de la misma longitud que 3 fichas de colores.

¿Qué altura tiene la corona del rey? _____ ladrillos de una pulgada

7 La longitud de la chaqueta de Gar es de 8 fichas de colores.

¿Cuánto mide la chaqueta de Gar? _____ ladrillos de una pulgada

Usa la información de los Problemas 1 a 7 para resolver los siguientes problemas. Muestra tu trabajo.

8 ¿Cuántos ladrillos de una pulgada más que los calcetines hasta la rodilla de Raf mide la chaqueta de Ren?

9 ¿Cuántos ladrillos de una pulgada más que la altura de la corona del rey mide la chaqueta de Gar?

10 ¿Cuántos ladrillos de una pulgada más que la altura de la corona del rey miden los pantalones de Nim?

Edificios de la Tierra de las pulgadas

Usa tu herramienta de medición de ladrillos de una pulgada para responder a cada pregunta.

1 La gente de la Tierra de las pulgadas crece tanto como tu herramienta de medición de ladrillos de una pulgada.

¿Qué altura tiene la gente de la Tierra de las pulgadas?

_____ ladrillos de una pulgada

2 El castillo de la princesa Funer es tan alto como la mesa.

¿Qué altura tiene el castillo de la princesa Funer?

_____ ladrillos de una pulgada

3 La casa de Tob es tan ancha como tu escritorio.

¿Qué ancho tiene la casa de Tob?

_____ ladrillos de una pulgada

Edificios de la Tierra de las pulgadas

4 La casa de Ren es tan alta como el asiento de tu silla.

¿Qué altura tiene la casa de Ren?

_____ ladrillos de una pulgada

5 La casa de Pim es tan alta como tu escritorio.

¿Qué altura tiene la casa de Pim?

_____ ladrillos de una pulgada

6 La casa de Gar es tan alta como la distancia desde el pomo de la puerta hasta el piso.

¿Qué altura tiene la casa de Gar?

_____ ladrillos de una pulgada

7 La altura del castillo del rey es tan alta como el librero.

¿Qué altura tiene el castillo del rey?

_____ ladrillos de una pulgada

NOMBRE   FECHA

Mediciones con una herramienta de ladrillos de una pulgada

Resuelve cada problema y muestra tu trabajo.

1 Jake midió su escritorio. Este medía 2 herramientas de medición de ladrillos de una pulgada.
¿Cuántos ladrillos de una pulgada mide su escritorio?

2 Sally tenía un pedazo de madera. Necesitó 4 herramientas de medición de ladrillos de una pulgada para medirlo. Cortó un pedazo que medía 3 herramientas de medición de ladrillos de una pulgada. ¿Cuántos ladrillos de una pulgada mide el pedazo que queda?

NOTA

Los estudiantes resuelven problemas-cuento sobre mediciones con herramientas de ladrillos de una pulgada.

TMI Medir longitudes de más de 12 pulgadas

Practicar las operaciones

Escoge 6 operaciones que te resulten difíciles
de recordar. Escríbelas en las tarjetas en blanco.

$$13 \boxed{-} 6 = 7$$

Pista: $12 - 6 = 6$

Usa algo que sepas para escribir una pista.
Practica estas operaciones con alguien en casa.

____ □ ____ = ____ Pista: _____	____ □ ____ = ____ Pista: _____
____ □ ____ = ____ Pista: _____	____ □ ____ = ____ Pista: _____
____ □ ____ = ____ Pista: _____	____ □ ____ = ____ Pista: _____

NOMBRE   FECHA

Saltos de saltamontes

1 Jake anotó los saltos de 14 saltamontes.
Usa los datos para hacer un diagrama de puntos.

Saltamontes	Distancia (ladrillos de una pulgada)
A	13
B	16
C	15
D	13
E	18
F	16
G	16
H	19
I	14
J	15
K	13
L	19
M	16
N	16

Saltos de saltamontes

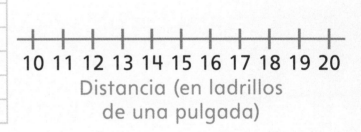

10 11 12 13 14 15 16 17 18 19 20
Distancia (en ladrillos de una pulgada)

2 ¿Cuántos saltamontes saltaron 16 ladrillos de una pulgada? _____

3 ¿Cuántos saltamontes saltaron 14 ladrillos de una pulgada? _____

4 ¿Cuántos saltamontes más saltaron 13 ladrillos de una pulgada que los que saltaron 18? _____

NOTA

Los estudiantes crean un diagrama de puntos y usan los datos para responder a las preguntas sobre los saltos de los saltamontes.

TMI **Diagramas de punto**

Actividades relacionadas para hacer en casa

Estimada familia:

Las actividades sugeridas a continuación se relacionan con *¿Qué distancia puedes saltar?*, la unidad que estamos estudiando en clase. Realizar estas actividades junto con un adulto puede enriquecer la experiencia de aprendizaje matemático de su hijo(a).

Medir con la longitud de tu pie Usen la longitud del pie de diferentes miembros de la familia para medir la misma distancia con pasos de la punta al talón y haga a su hijo(a) las siguientes preguntas: "¿Cuántos pies de papá hay desde la puerta hasta la mesa? ¿Cuántos pies del hermano menor hay en la misma distancia?". También pueden comparar la longitud para una misma cantidad de pies de diferente tamaño. Por ejemplo, cada persona da 10 pasos de la punta al talón. "¿Qué distancia es 10 pasos de papá? ¿Qué distancia es 10 pasos de un estudiante de segundo grado?".

Practicar cómo medir con una regla Mire detenidamente una regla con su hijo(a). Observe los números y hable sobre lo que representan. Use la regla para medir primero diferentes objetos de la casa que tengan menos de 12 pulgadas. Luego, mida distancias y objetos que sean mayores que 12 pulgadas. Compare las mediciones del mismo objeto en centímetros y en pulgadas.

Puntos de referencia del cuerpo Use una regla para hallar puntos de referencia del cuerpo de su hijo(a) para una pulgada, un pie y un centímetro. Por ejemplo, el ancho del pulgar de su hijo(a) es un buen punto de referencia para un centímetro. Experimente usando estos puntos de referencia para medir. Midan un objeto con un punto de referencia del cuerpo y luego con una regla. ¿Es cercana la estimación hecha con el punto de referencia del cuerpo a la medición tomada con la regla?

Actividades relacionadas para hacer en casa

Comparar saltos Esta es una buena actividad para hacer al aire libre. Use una tiza para marcar un punto de partida y luego mida la distancia que saltaron diferentes personas. Hablen acerca de cómo medir los saltos y comparar las longitudes. Puede preguntar: "¿Cuánto más largo es este salto que aquel?" o "¿Cuánto más necesita saltar esta persona para llegar a la misma distancia que esta otra?".

Matemáticas y literatura Aquí le sugerimos algunos libros infantiles que contienen ideas sobre mediciones lineales y la hora. Disfruten leyéndolos juntos y comentando los conceptos matemáticos que encuentren.

Aber, Linda Williams. *Carrie está a la altura.*

Baer, T. *Medir la altura.*

Baer, T. *Medir la distancia.*

Berkes, Marianne. *La asombrosa carrera entre la tortuga y la liebre.*

Eastman, P.D. *Perro grande… perro pequeño.*

Herman, Gail. *Mantén tu distancia.*

Lionni, Leo. *Pulgada a pulgada.*

Willis, Shirley. *Dime qué tan lejos está de aquí.*

Reglas y herramientas de medición de ladrillos de una pulgada

Examina tu regla y tu herramienta de medición de ladrillos de una pulgada.
Anota tus respuestas.

Nombra dos cosas que sean iguales.

1 _____
_____
_____

2 _____
_____
_____

Nombra dos cosas que sean diferentes.

1 _____
_____
_____

2 _____
_____
_____

NOMBRE   FECHA

Puntos de referencia del cuerpo

Los puntos de referencia del cuerpo son partes del cuerpo que puedes usar para medir objetos si no tienes una regla a mano. Usa puntos de referencia del cuerpo para responder a cada pregunta.

aproximadamente 1 pulgada

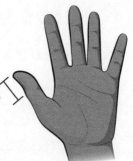

1 ¿Qué parte de tu cuerpo mide aproximadamente 1 pulgada de longitud? _____

2 ¿Qué parte de tu cuerpo mide aproximadamente 6 pulgadas de longitud? _____

3 ¿Qué parte de tu cuerpo mide aproximadamente 12 pulgadas de longitud (1 pie)? _____

4 Usa los puntos de referencia de tu cuerpo para medir tu lápiz.

Longitud estimada: _____

Usa tu regla para medir el lápiz.

Longitud medida: _____

5 Usa los puntos de referencia de tu cuerpo para medir la altura de tu silla.

Altura estimada: _____

Usa tu regla o una regla de 1 yarda para medir la altura de tu silla.

Altura medida: _____

Medir y comparar

Halla cada uno de estos objetos en tu clase.
Usa una regla para medir cada objeto.
Anota cada medición y responde a las preguntas.

1   Tijeras _____   Marcador _____

¿Cuál es más largo? _____   ¿Cuánto más largo es? _____

2   Regla _____   Lápiz _____

¿Cuál es más largo? _____   ¿Cuánto más largo es? _____

3   Longitud de la mesa _____   Longitud del estante _____

¿Cuál es más largo? _____   ¿Cuánto más largo es? _____

Medir y comparar

Halla cada uno de estos objetos en tu clase.

Usa una regla para medir cada objeto.

Anota cada medición y responde a las preguntas.

---

4 Altura de la silla _____

Altura de la mesa _____

¿Cuál es más alto? _____

¿Cuánto más alto es? _____

---

5 Ancho de tu libro de lectura _____

Longitud de tu libro de lectura _____

¿Cuál es más largo? _____

¿Cuánto más largo es? _____

---

6 Ancho de la puerta _____

Ancho de la ventana

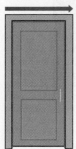

¿Cuál es más ancho? _____

¿Cuánto más ancho es? _____

Mediciones con una herramienta de ladrillos de una pulgada 2

Resuelve cada problema y muestra tu trabajo.

1 Kira tenía una larga cinta. La cinta medía tanto como 6 herramientas de medición de ladrillos de una pulgada. Kira cortó un pedazo de cinta que medía 2 herramientas de medición de ladrillos de una pulgada. ¿Cuántos ladrillos de una pulgada mide el pedazo que quedó?

2 Jake midió un cartel. Tenía un ancho de 3 herramientas de medición de ladrillos de una pulgada. ¿Cuántos ladrillos de una pulgada medía el cartel de ancho?

NOTA

Los estudiantes resuelven problemas-cuento sobre mediciones con herramientas de ladrillos de una pulgada.

TMI **Medir longitudes mayores que 12 pulgadas**

NOMBRE   FECHA

Comparar mediciones

Encierra en un círculo a la persona más alta y
responde a las preguntas. Muestra tu trabajo.

1

Estatura de Jake: 51 pulgadas
Estatura de la mamá de Jake: 65 pulgadas

¿Cuánto más alta es? _____ pulgadas

2

Estatura de Kira: 52 pulgadas
Estatura del papá de Kira: 69 pulgadas

¿Cuánto más alto es? _____ pulgadas

Piensa en todas las estaturas que se enumeran arriba.

3 ¿Cuál es la diferencia de estatura entre la
persona más alta y la más baja?
Muestra tu trabajo.

_____ pulgadas

NOTA

Los estudiantes comparan dos mediciones y determinan la diferencia entre ellas.
TMI **Estrategias para restar números de 2 dígitos**

Medir nuestro salón de clase

Escoge una unidad para medir la longitud o el ancho de tu salón de clase.

1 ¿Mediste la longitud o el ancho del salón de clase? _____

2 ¿Qué unidad usaste para medirlo?

_____

3 ¿Cuál fue la medida? _____

4 Describe cómo mediste el salón de clase.

_____

_____

_____

_____

_____

_____

_____

_____

_____

Medir saltos en pulgadas

Usa una regla o una regla de 1 yarda para medir
tu salto más largo y más corto.

1 ¿Qué salto fue el más largo?
Enciérralo en un círculo.

2 ¿Cuánto midió tu salto más largo?
_____ pulgadas

3 ¿Qué salto fue el más corto?
Enciérralo en un círculo.

4 ¿Cuánto midió tu salto más corto?
_____ pulgadas

5 ¿Cuánto más que tu salto más corto midió tu
salto más largo?
_____ pulgadas

6 ¿Cuánto menos que tu salto más largo midió
tu salto más corto?
_____ pulgadas

NOMBRE _____ FECHA _____

Comparar salones

Las longitudes de algunos salones de la escuela están marcadas.

12 yardas   30 yardas

ARTES	SALÓN DE REUNIONES
CORREDOR	
KINDERGARTEN	MÚSICA

20 yardas   22 yardas

1 ¿Cuánto menos que el salón de música mide el salón de Kindergarten?

_____ yardas

2 ¿Cuánto más largo que el salón de artes es el salón de reuniones? _____ yardas

3 ¿Cuánto más largo que el salón de música es el salón de reuniones? _____ yardas

4 ¿Cuál es la longitud del corredor? _____ yardas

NOTA

Los estudiantes hallan la diferencia entre dos mediciones o el total de dos mediciones.

TMI Estrategias para sumar números de 2 dígitos; Estrategias para restar números de 2 dígitos

Longitud y ancho

Escoge cuatro objetos rectangulares de tu casa. Usa puntos de referencia de tu cuerpo para estimar la longitud y el ancho de cada uno. Luego, usa una regla para medir la longitud y ancho en pulgadas.

Primer objeto

Nombre del objeto: _____

Longitud estimada: _____   Longitud medida: _____

Ancho estimado: _____   Ancho medido: _____

Explica cómo usaste los puntos de referencia de tu cuerpo para hacer las estimaciones.

_____

_____

Segundo objeto

Nombre del objeto: _____

Longitud estimada: _____   Longitud medida: _____

Ancho estimado: _____   Ancho medido: _____

Explica cómo usaste los puntos de referencia de tu cuerpo para hacer las estimaciones.

_____

_____

NOTA

Los estudiantes usan puntos de referencia del cuerpo para hacer estimaciones y, luego, miden con una regla la longitud y el ancho de cuatro objetos diferentes.

TMI **Herramientas de medición: Reglas**

Longitud y ancho

Tercer objeto

Nombre del objeto: _____

Longitud estimada: _____   Longitud medida: _____

Ancho estimado: _____   Ancho medido: _____

Explica cómo usaste los puntos de referencia de
tu cuerpo para hacer las estimaciones.

_____

_____

Cuarto objeto

Nombre del objeto: _____

Longitud estimada: _____   Longitud medida: _____

Ancho estimado: _____   Ancho medido: _____

Explica cómo usaste los puntos de referencia de
tu cuerpo para hacer las estimaciones.

_____

_____

NOMBRE

FECHA

Búsqueda métrica del tesoro

Busca cosas que midan 1 metro y 1 centímetro de longitud.

1 Cosas que encontré que miden aproximadamente 1 metro de longitud:

2 Cosas que encontré que miden aproximadamente 1 centímetro de longitud:

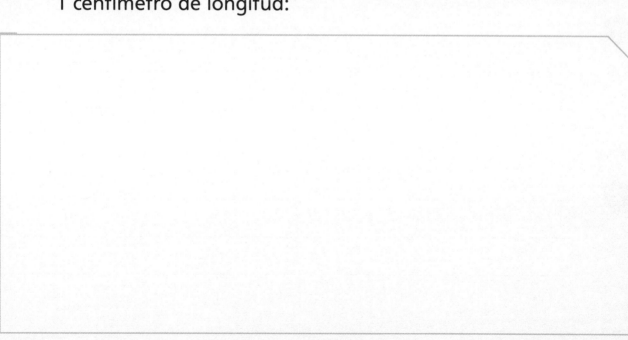

Pulgadas y centímetros: Comparar herramientas

Compara una regla en pulgadas y una regla en centímetros.

Nombra 2 cosas que sean iguales.

1 _____

_____

_____

2 _____

_____

_____

Nombra 2 cosas que sean diferentes.

1 _____

_____

_____

2 _____

_____

_____

Mediciones en metros

Usa una regla de 1 metro o tu tira de papel de un metro.

1 Busca algo que sea **más alto** que tú.
¿Cuál es su altura? _____

2 ¿Cuánto más alto que tú es? _____

3 Busca algo que sea **más ancho** que tus hombros.
¿Cuál es su ancho? _____

4 ¿Cuánto más ancho que tus hombros es? _____

5 Busca algo que sea **más corto** que tu pie.
¿Cuál es su longitud? _____

6 ¿Cuánto más corto que tu pie es? _____

NOTA

Los estudiantes investigan mediciones lineales y comparan la longitud de objetos.
TMI El sistema métrico

Mediciones en metros

7 Busca algo que sea **más largo** que tu lápiz.
¿Cuál es su longitud? _____

8 ¿Cuánto más largo que tu lápiz es? _____

Repaso continuo

9 Ahorraste 75¢. Encierra en un círculo
3 cupones que pudiste haber usado.

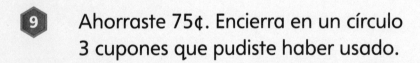

| Ahorra 50¢ | Ahorra 25¢ | Ahorra 10¢ | Ahorra 35¢ | Ahorra 25¢ | Ahorra 15¢ |
| Ahorra 45¢ | Ahorra 25¢ | Ahorra 15¢ | Ahorra 25¢ | Ahorra 25¢ | Ahorra 10¢ |

NOMBRE   FECHA

Búsqueda métrica del tesoro en casa

Usa tu tira de papel de un metro o una regla de
1 metro. Busca cosas de tu casa que midan 1 metro
y 1 centímetro de longitud.

1 Cosas que encontré que miden aproximadamente
1 metro de longitud:

2 Cosas que encontré que miden aproximadamente
1 centímetro de longitud:

***¡No olvides traer tu tarea y tu tira de papel de
un metro a la clase!

NOTA

Los estudiantes miden objetos que tienen 1 metro y 1 centímetro de longitud. Deben traer esta página
y su tira de papel de un metro a la clase.
TMI Sistema métrico

Medir saltos en centímetros

1 ¿Crees que necesitarás más o menos centímetros que pulgadas para medir tus saltos? _____

Usa una regla o una regla de 1 metro para medir tu salto más largo y más corto.

2 ¿Cuál fue tu salto más largo? Enciérralo en un círculo.

de rana   de conejo   de niño

3 ¿Cuánto midió tu salto más largo? _____ centímetros

4 ¿Cuál fue tu salto más corto? Enciérralo en un círculo.

de rana   de conejo   de niño

5 ¿Cuánto midió tu salto más corto? _____ centímetros

Medir saltos en centímetros

6 ¿Cuánto más que tu salto más corto midió
tu salto más largo? _____ centímetros

7 ¿Cuánto menos que tu salto más largo midió
tu salto más corto? _____ centímetros

8 ¿Necesitaste más pulgadas o más centímetros
para medir tus saltos? _____
¿Por qué crees que fue así?

_____

_____

_____

Saltos de conejo

La clase de Max anotó los saltos del conejo de su clase.
Midieron los saltos en centímetros y anotaron los
datos en un diagrama de puntos.

Saltos de conejo

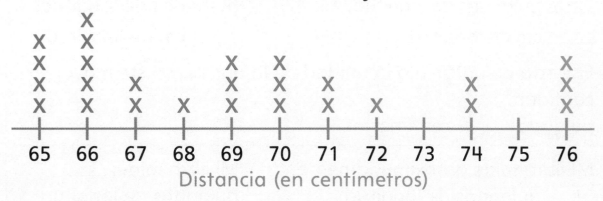

Distancia (en centímetros)

1 ¿Cuántas veces saltó el conejo 66 centímetros?

_____

2 ¿Cuántas veces saltó el conejo 72 centímetros?

_____

3 ¿Cuántas veces más saltó el conejo 66 centímetros
que 74 centímetros? _____

4 ¿Cuál es la diferencia entre el salto más largo y el
salto más corto? _____ centímetros

NOTA

Los estudiantes usan un diagrama de puntos para responder a las preguntas sobre los datos
y analizarlos.
TMI Diagramas de puntos

Pulgadas y centímetros: Medición

Estima la longitud de cada objeto y luego mídela.

Estimar	Medir
1 Mi lápiz mide aproximadamente: _____ pulgadas de longitud. _____ cm de longitud. Encierra en un círculo la unidad de la que obtuviste mayor cantidad. pulgadas centímetros	Mi lápiz mide: _____ pulgadas de longitud. _____ cm de longitud.
2 Mi libro mide aproximadamente: _____ pulgadas de longitud. _____ cm de longitud. Encierra en un círculo la unidad de la que obtuviste mayor cantidad. pulgadas centímetros	Mi libro mide: _____ pulgadas de longitud. _____ cm de longitud.
3 Mis tijeras miden aproximadamente: _____ pulgadas de longitud. _____ cm de longitud. Encierra en un círculo la unidad de la que obtuviste mayor cantidad. pulgadas centímetros	Mis tijeras miden: _____ pulgadas de longitud. _____ cm de longitud.
4 ¿De qué unidad obtienes siempre mayor cantidad? pulgadas centímetros	
5 ¿Por qué crees que pasa eso? _____ _____	

NOMBRE   FECHA

Saltos en centímetros

Resuelve cada problema y muestra tu trabajo.

1 Sally saltó 56 centímetros. Kira saltó 63 centímetros.
¿Cuánto más que Sally saltó Kira?

2 Jake saltó 43 centímetros. Luego, saltó 21 centímetros.
Luego, saltó 12 centímetros más.
¿Cuántos centímetros saltó en total?

NOTA

Los estudiantes resuelven problemas sobre mediciones de saltos.
TMI Estrategias para sumar números de 2 dígitos; Estrategias para restar números de 2 dígitos

Más práctica de operaciones

Escoge 6 operaciones que te resulten difíciles de recordar. Escríbelas en las tarjetas en blanco.

$$13 \boxed{-} 6 = 7$$

Pista: $12 - 6 = 6$

Usa algo que sepas para escribir una pista.
Practica estas operaciones con alguien en casa.

_____ □ _____ = _____ Pista: _____	_____ □ _____ = _____ Pista: _____
_____ □ _____ = _____ Pista: _____	_____ □ _____ = _____ Pista: _____
_____ □ _____ = _____ Pista: _____	_____ □ _____ = _____ Pista: _____

Comparaciones con gatos

Un gato está jugando en una torre de escalar con estantes.

La torre mide 1 metro de altura.

El Estante A está a 30 centímetros del piso.

Resuelve cada problema y muestra tu trabajo.

1 El Estante B está al doble de altura que el Estante A. ¿A qué altura está el Estante B del piso?

_____ centímetros

2 El Estante C está a 32 centímetros del Estante B. ¿A qué altura está el Estante C del piso?

_____ centímetros

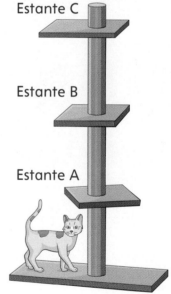

Estante C

Estante B

Estante A

3 El gato salta desde el Estante C al Estante A. ¿Qué distancia salta?

_____ centímetros

4 ¿Qué altura tiene la torre en centímetros?

_____ centímetros

5 ¿Qué distancia hay entre el Estante A y la punta de la torre?

_____ centímetros.

NOTA

Los estudiantes responden a preguntas sobre la altura de los estantes de una torre para gatos de 1 metro de altura.

TMI Estrategias para sumar números de 2 dígitos; Estrategias para restar números de 2 dígitos

Parejas, equipos
y otros grupos

Parejas, equipos
y otros grupos

Parejas y equipos

Completa la tabla.

PAREJAS			EQUIPOS	
¿Cuántos no tendrán compañero?	¿Tendrán todos un compañero? Si lo tienen, ¿cuántas parejas habrá?	Cantidad de estudiantes	¿Habrá dos equipos iguales? Si los hay, ¿cuántos habrá en cada equipo?	¿Cuántos sobrantes habrá?
		7		
		9		
		10		
		11		
		12		
		16		
		20		

Parejas y equipos

Completa la tabla.

PAREJAS			EQUIPOS	
¿Cuántos no tendrán compañero?	¿Tendrán todos un compañero? Si lo tienen, ¿cuántas parejas habrá?	Cantidad de estudiantes	¿Habrá dos equipos iguales? Si los hay, ¿cuántos habrá en cada equipo?	¿Cuántos sobrantes habrá?

NOMBRE   FECHA

¿Cuántos bolsillos hay?

1 ¿Cuántos bolsillos tienen hoy los estudiantes?
Halla combinaciones de 10 como ayuda.

Estudiantes	Cantidad de bolsillos	Estudiantes	Cantidad de bolsillos
Howard	4	Vipan	1
Hope	2	Titus	1
Mike	3	Scott	0
Tony	5	Hadiya	2
Tamara	0	Harry	6
Mark	1	Rick	4
Holly	4	Michelle	4
Sarah	4	Martha	7
Timothy	7	Sean	2
María	5	Thomas	3

TOTAL

_____

Repaso continuo

2 ¿Qué combinación de números **no** forma 100?

Ⓐ 75 + 25   Ⓑ 35 + 60   Ⓒ 44 + 56   Ⓓ 52 + 48

NOTA

Los estudiantes practican combinaciones de sumas resolviendo un problema con varios sumandos.
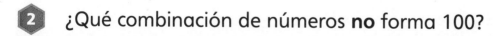 **Aprender operaciones de suma: Operaciones de formar 10; Cadenas de números**

Problemas sobre parejas y equipos

Resuelve los problemas y muestra tu trabajo.

1 Hay 13 niños en la clase de artes. Si se organizan en parejas, ¿cada uno tendrá un compañero?

2 Hay 14 niños en el área de juego. ¿Pueden formar dos equipos iguales para jugar *kickball*?

NOTA

Los estudiantes piensan en números que pueden y no pueden formar grupos de dos o dos grupos iguales mientras investigan números pares e impares.

TMI **Números pares e impares**

Las matemáticas en esta unidad

Estimada familia:

Nuestra clase va a comenzar una nueva unidad de matemáticas llamada *Parejas, equipos y otros grupos*. En esta unidad, los estudiantes investigan números pares e impares y trabajan con grupos iguales. Esta unidad constituye la base para el trabajo futuro con la multiplicación.

A lo largo de esta unidad, los estudiantes trabajarán para cumplir los siguientes objetivos:

Puntos de referencia	Ejemplos
1. Definir números pares e impares en términos de cantidades que pueden organizarse en grupos de dos o en dos grupos iguales.	par impar x x x x x x x x x x x
2. Escribir una ecuación para expresar un número par como una suma de dos sumandos iguales.	$3 + 3 = 6$
3. Resolver problemas que incluyen grupos iguales.	Kira tiene 4 pares de calcetines. ¿Cuántos calcetines tiene?
4. Escribir una ecuación de suma para expresar la cantidad total de objetos en una matriz rectangular.	$2 + 2 + 2 = 6$ $3 + 3 = 6$

En los próximos días, su hijo(a) llevará al hogar más información y actividades sobre esta unidad.

A cada hora en punto

Esto es lo que hicimos hoy en la escuela.
Escribe lo que hiciste después de la escuela.

8:00 *a. m.*	8:00 *p. m.*
9:00 *a. m.*	9:00 *p. m.*
10:00 *a. m.*	10:00 *p. m.*
11:00 *a. m.*	11:00 *p. m.*
12:00 *p. m.* (mediodía)	12:00 *a. m.* (medianoche)
1:00 *p. m.*	1:00 *a. m.*
2:00 *p. m.*	2:00 *a. m.*
3:00 *p. m.*	3:00 *a. m.*
4:00 *p. m.*	4:00 *a. m.*
5:00 *p. m.*	5:00 *a. m.*
6:00 *p. m.*	6:00 *a. m.*
7:00 *p. m.*	7:00 *a. m.*

Linda y Ebony comparten todo

Linda y Ebony son gemelas que comparten todo por igual.

1 Su madre les dio a Linda y a Ebony 12 pegatinas.

☐ ☐ ☐ ☐ ☐ ☐ ☐ ☐ ☐ ☐ ☐ ☐

¿Es 12 par o impar? _____

¿Pueden Linda y Ebony compartir las
pegatinas por igual? _____

Si no, ¿cuántas pueden compartir? _____

Escribe una ecuación para mostrar la parte
de cada una y el total. _____

2 Su hermana les dio a Linda y a Ebony 14 pegatinas.

☐ ☐ ☐ ☐ ☐ ☐ ☐ ☐ ☐ ☐ ☐ ☐ ☐ ☐

¿Es 14 par o impar? _____

¿Pueden Linda y Ebony compartir las
pegatinas por igual? _____

Si no, ¿cuántas pueden compartir? _____

Escribe una ecuación para mostrar la parte
de cada una y el total. _____

3 Linda y Ebony combinaron las pegatinas.

¿Cuántas pegatinas tienen? _____

¿Es la suma par o impar? _____

¿Pueden Linda y Ebony compartir las
pegatinas por igual? _____

Si no, ¿cuántas pueden compartir? _____

Escribe una ecuación para mostrar la parte
de cada una y el total. _____

Linda y Ebony comparten todo

4 Su tía les dio 21 canicas.

¿Es 21 par o impar? _____

¿Pueden Linda y Ebony compartir las canicas por igual? _____

Si no, ¿cuántas pueden compartir? _____

Escribe una ecuación para mostrar la parte de cada una y el total. _____

○ ○ ○ ○ ○ ○ ○
○ ○ ○ ○ ○ ○ ○
○ ○ ○ ○ ○ ○ ○

5 Su tío les dio 22 canicas.

¿Es 22 par o impar? _____

¿Pueden Linda y Ebony compartir las canicas por igual? _____

Si no, ¿cuántas pueden compartir? _____

Escribe una ecuación para mostrar la parte de cada una y el total. _____

○ ○ ○ ○ ○ ○ ○
○ ○ ○ ○ ○ ○ ○
○ ○ ○ ○ ○ ○ ○ ○

6 Linda y Ebony reunieron las canicas que les dieron su tía y su tío.

¿Cuántas canicas les dieron su tía y su tío? _____

¿Es la suma par o impar? _____

¿Pueden Linda y Ebony compartir estas canicas por igual? _____

Si no, ¿cuántas pueden compartir? _____

Escribe una ecuación para mostrar la parte de cada una y el total. _____

Linda y Ebony comparten todo

7 Su amiga les dio a Linda y a Ebony 11 bloques.

¿Es 11 par o impar? _____

¿Pueden Linda y Ebony compartir los bloques por igual? _____

Si no, ¿cuántos pueden compartir? _____

Escribe una ecuación para mostrar la parte de cada una y el total. _____

8 Otro amigo les dio a Linda y a Ebony 15 bloques.

¿Es 15 par o impar? _____

¿Pueden Linda y Ebony compartir estos bloques por igual? _____

Si no, ¿cuántos pueden compartir? _____

Escribe una ecuación para mostrar la parte de cada una y el total. _____

9 Linda y Ebony reunieron los bloques que les dieron sus amigos.

¿Cuántos bloques les dieron sus amigos? _____

¿Es la suma par o impar? _____

¿Pueden Linda y Ebony compartir los bloques por igual? _____

Si no, ¿cuántos pueden compartir? _____

Escribe una ecuación para mostrar la parte de cada una y el total. _____

Preguntas sobre números pares e impares

Investiga cada pregunta. Usa números, ecuaciones, cubos, dibujos u otras herramientas matemáticas para mostrar tu razonamiento.

1 En nuestra tabla, "Parejas y equipos", cada número tiene solo 0 o 1 como sobrante. ¿Podría **alguna vez** haber 3 o 4 sobrantes? ¿Por qué crees que es así?

_____

_____

_____

_____

_____

2 ¿Tendrá **cualquier** número solo 0 o 1 como sobrante? ¿Por qué crees que es así?

_____

_____

_____

_____

_____

Preguntas sobre números pares e impares

3 En nuestra tabla, "Parejas y equipos", con cada número con el que se pueden formar 2 equipos iguales **también** se pueden formar parejas.
¿Por qué crees que es así?

_____

_____

_____

_____

_____

4 ¿Será esto verdad para **cualquier** número?
Explica tu razonamiento.

_____

_____

_____

_____

NOMBRE   FECHA

¿Impar o par?

Lee el problema. Haz un dibujo o un diagrama
para ayudar a Sally a entender tu razonamiento.

1 Sally cree que 30 es un número impar porque
3 es impar. ¿Estás de acuerdo con ella?
¿Por qué?

_____

_____

_____

_____

_____

Repaso continuo

0   100

2 ¿Qué número debería ir en la marca?

Ⓐ 25

Ⓑ 30

Ⓒ 50

Ⓓ 80

NOTA

Los estudiantes explican cómo saben si un número es par o impar. Pueden usar palabras, números,
ecuaciones y/o dibujos para explicar su razonamiento.
TMI **Números pares e impares**

Practicar las operaciones

Escoge 6 operaciones que te resulten difíciles de
recordar. Escríbelas en las tarjetas en blanco.

$$13 \boxed{-} 6 = 7$$

Pista: $12 - 6 = 6$

Usa algo que sepas para escribir una pista.
Practica estas operaciones con alguien en casa.

_____ $\Box$ _____ = _____

Pista: _____

_____ $\Box$ _____ = _____

Pista: _____

_____ $\Box$ _____ = _____

Pista: _____

_____ $\Box$ _____ = _____

Pista: _____

_____ $\Box$ _____ = _____

Pista: _____

_____ $\Box$ _____ = _____

Pista: _____

Ramos de globos

El sábado, Linda y Ebony tendrán su fiesta de cumpleaños. Algunos de sus amigos y familiares envían sus globos de cumpleaños unos días antes. Cada día, Linda y Ebony comparten los globos que llegan.

1 El lunes, llegan 7 globos.

¿Es 7 par o impar? _____

¿Pueden Linda y Ebony compartir los globos por igual? _____

Si no, ¿cuántos pueden compartir? _____

Escribe una ecuación para mostrar la parte de cada una y el total. _____

2 El martes, llegan 8 globos.

¿Es 8 par o impar? _____

¿Pueden Linda y Ebony compartir los globos por igual? _____

Si no, ¿cuántos pueden compartir? _____

Escribe una ecuación para mostrar la parte de cada una y el total. _____

3 El miércoles, llegan 14 globos.

¿Es 14 par o impar? _____

¿Pueden Linda y Ebony compartir los globos por igual? _____

Si no, ¿cuántos pueden compartir? _____

Escribe una ecuación para mostrar la parte de cada una y el total. _____

Ramos de globos

4 El jueves, llegan 15 globos.

¿Es 15 par o impar? _____

¿Pueden Linda y Ebony compartir los globos por igual? _____

Si no, ¿cuántos pueden compartir? _____

Escribe una ecuación para mostrar la parte de cada una y el total. _____

5 El viernes, llegan 20 globos.

¿Es 20 par o impar? _____

¿Pueden Linda y Ebony compartir los globos por igual? _____

Si no, ¿cuántos pueden compartir? _____

Escribe una ecuación para mostrar la parte de cada una y el total. _____

6 El sábado, dicen: "¡Es difícil recordar de quién es cada globo!". Por tanto, unen todos los globos y los suman.

¿Cuántos globos llegaron esa semana? _____

¿Es la suma par o impar? _____

¿Pueden Linda y Ebony compartir los globos por igual? _____

Si no, ¿cuántos pueden compartir? _____

Escribe una ecuación para mostrar la parte de cada una y el total. _____

Compartir monedas de 1¢

Linda y Ebony colocan todas las monedas de 1¢
que ahorran en un frasco. A veces, vacían el frasco,
cuentan las monedas y calculan cuántas son para
cada una. Después, vuelven a ponerlas en el frasco.

1 El lunes, las niñas contaron 8 monedas de 1¢ en el frasco.

¿Es 8 par o impar? _____

¿Pueden Linda y Ebony compartir las
monedas por igual? _____

Si no, ¿cuántas pueden compartir? _____

Escribe una ecuación para mostrar la
parte de cada una y el total. _____

2 El martes, hallaron 15 monedas de 1¢ más.

¿Es 15 par o impar? _____

¿Pueden Linda y Ebony compartir las
monedas por igual? _____

Si no, ¿cuántas pueden compartir? _____

Escribe una ecuación para mostrar la
parte de cada una y el total. _____

3 El miércoles, su hermana les dio 17 monedas de 1¢.

¿Es 17 par o impar? _____

¿Pueden Linda y Ebony compartir las
monedas por igual? _____

Si no, ¿cuántas pueden compartir? _____

Escribe una ecuación para mostrar la parte
de cada una y el total. _____

Compartir monedas

4 El jueves, su madre les dio 26 monedas de 1¢.

¿Es 26 par o impar? _____

¿Pueden Linda y Ebony compartir las monedas por igual? _____

Si no, ¿cuántas pueden compartir? _____

Escribe una ecuación para mostrar la parte de cada una y el total. _____

5 El viernes, su padre les dio 28 monedas de 1¢.

¿Es 28 par o impar? _____

¿Pueden Linda y Ebony compartir las monedas por igual? _____

Si no, ¿cuántas pueden compartir? _____

Escribe una ecuación para mostrar la parte de cada una y el total. _____

6 El sábado, contaron todas las monedas de 1¢.

¿Cuántas monedas de 1¢ tienen? _____

Luego, llevan las monedas a la tienda.

¿Qué crees que comprarán con sus monedas?

_____

NOMBRE   FECHA

¿Cuántas flores hay?

Resuelve los problemas y muestra tu trabajo. Escribe una ecuación.

1   Kira tenía 28 flores. Sally le dio algunas más.
Ahora, Kira tiene 43 flores.
¿Cuántas flores le dio Sally a Kira?

2   Sally le dio a Franco 27 flores.
Franco reunió algunas flores más.
Al final del día, Franco tenía 55 flores.
¿Cuántas flores reunió Franco?

3   Había 22 flores en el florero.
Jake puso algunas flores más.
Ahora hay 68 flores en el florero.
¿Cuántas flores puso Jake en el florero?

NOTA

Los estudiantes resuelven problemas-cuento con una parte desconocida. Escriben una ecuación y anotan su trabajo.
TMI Problemas-cuento con un sumando desconocido

Parejas y equipos de segundo grado

Hay dos clases de segundo grado en la escuela Pine Street. Hay 23 estudiantes en la clase del Sr. Brown y 25 estudiantes en la clase de la Srta. Pérez.

Resuelve el problema y muestra tu trabajo.

1

a. Si las clases van caminando juntas a almorzar, ¿podrán todos caminar con un compañero? _____

b. ¿Hay una cantidad impar o par de estudiantes en el segundo grado? _____ ¿Cómo lo sabes?

_____

2

a. Si los estudiantes de la clase del Sr. Brown quieren jugar al futbol, ¿pueden formar dos equipos iguales? _____ ¿Cómo lo sabes?

_____

b. Si los estudiantes de la clase de la Srta. Pérez quieren jugar al futbol, ¿pueden formar dos equipos iguales? _____ ¿Cómo lo sabes?

_____

NOTA

Los estudiantes resuelven problemas sobre números pares e impares.

TMI **Números pares e impares**

NOMBRE   FECHA

Un edificio de cubos

Construye un edificio de cubos con 3 cuartos en cada piso. Cada piso debería ser así:

1 ¿Cuántos cuartos hay en cada piso? _____

2 Si el edificio tiene 5 pisos, ¿cuántos cuartos hay en todo el edificio? _____

Muestra cómo lo calculaste.

3 Si el edificio tiene 10 pisos, ¿cuántos cuartos hay en todo el edificio? _____

Muestra cómo lo calculaste.

NOMBRE   FECHA

Cerca de 100

Imagina que estás jugando a *Cerca de 100*. Si estas son tus tarjetas, ¿qué números de 2 dígitos formarías para obtener una suma lo más cercana a 100 como sea posible?

1

| 7 | 8 | 2 | 4 | 6 | 1 |

_____ + _____ = _____

2

| 0 | 1 | 8 | 5 | 2 | 7 |

_____ + _____ = _____

NOTA

Los estudiantes practican cómo hallar pares de números de 2 dígitos que den una suma lo más cercana a 100 como sea posible.
TMI Maneras de formar 100

Actividades relacionadas para hacer en casa

Estimada familia:

Las actividades sugeridas a continuación se relacionan con los conceptos matemáticos de la unidad *Parejas, equipos y otros grupos*. Realizar estas actividades juntos puede enriquecer la experiencia de aprendizaje matemático de su hijo(a).

Números impares y pares Pida a su hijo(a) que determine si hay una cantidad par o impar de algunas cosas que haya en la casa. Por ejemplo, ¿hay una cantidad impar o par de escalones, de piezas de vajilla, de carros de juguete o de animales de peluche?

Dibujar edificios Usando su casa o el edificio donde vive con su familia, su hijo(a) puede contar la cantidad de cuartos que hay en 1 piso. Dibuje el piso y rotule cuáles son los diferentes cuartos. Luego, haga preguntas tales como "Si hay 2 pisos en este edificio con la misma cantidad de cuartos, ¿cuántos cuartos habrá?", "¿Cuántos cuartos habrá en 3 pisos?".

Construir edificios Usen bloques para construir para hacer un edificio. Hagan el primer piso de su edificio usando un bloque para cada cuarto. Comenten cuántos cuartos hay y cuál podría ser cada uno. Hagan el segundo piso con el mismo tamaño y la misma forma que el primero. Usen más bloques para hacer el edificio más alto, haciendo cada piso con la misma cantidad de cuartos. A medida que añaden cada piso, cuenten la cantidad total de cuartos. Anoten la cantidad total de cuartos para 1 piso, 2 pisos, 3 pisos, y así sucesivamente. Pregunte: "¿Qué observas sobre cómo cambia la cantidad total de cuartos?".

NOMBRE   FECHA

Actividades relacionadas para hacer en casa

Patas de animales Escojan un animal que le guste a su hijo(a) (p. ej., los gatos) y hagan una tabla sobre la cantidad de gatos y de sus patas (o garras, ojos, entre otras). Empiecen con 1 gato y completen cuántas patas tiene. Luego, añadan otro gato y completen con la cantidad total de patas que tienen 2 gatos. Continúen la tabla y comenten el patrón que observan. Vea si su hijo(a) puede determinar qué vendrá a continuación.

Gatos	Patas
1	4
2	8
3	12
4	?

Matemáticas y literatura Aquí le sugerimos algunos libros infantiles que contienen ideas sobre números impares y pares y grupos iguales.

Fisher, Doris. *Mi día non.*
Fisher, Doris. *Mi día par.*
Kassirer, Sue. *¿Qué sigue, Nina?*
Murphy, Stuart J. *¿Dónde están los mitones?*
Murphy, Stuart J. *Lagartijas saltarinas.*

Edificios de cubos 1

Forma un piso de un edificio de cubos que coincida con el contorno. Luego, construye más pisos. Completa la tabla para mostrar la cantidad de cuartos para 1, 2, 3, 4, 5 y 10 pisos.

Edificio A

Hay _____ cuartos en cada piso.

Cantidad total de pisos	Cantidad total de cuartos	Ecuación
1		
2		
3		
4		
5		

10		

Edificio B

Hay _____ cuartos en cada piso.

Cantidad total de pisos	Cantidad total de cuartos	Ecuación
1		
2		
3		
4		
5		

10		

Edificios de cubos 2

Forma un piso de un edificio de cubos que coincida con el contorno. Luego, construye más pisos. Completa la tabla para mostrar la cantidad de cuartos para 1, 2, 3, 4, 5 y 10 pisos.

Edificio C

Hay _____ cuartos en cada piso.

Cantidad total de pisos	Cantidad total de cuartos	Ecuación
1		
2		
3		
4		
5		

10		

Edificio D

Hay _____ cuartos en cada piso.

Cantidad total de pisos	Cantidad total de cuartos	Ecuación
1		
2		
3		
4		
5		

10		

El número del día: 50

1 Encierra en un círculo las operaciones que son iguales al número del día. El número del día es 50.

$10 + 20 + 20$	$15 + 15 + 20 + 10$
$75 - 75$	$19 + 6 + 25$
$80 - 25 - 5$	$25 + 25$
$10 + 30 + 5 + 6$	$2 + 3 + 20 + 13 + 17$
$68 - 28$	$100 - 50$

2 Escribe el número 50 en palabras. _____

NOTA

Los estudiantes determinan qué expresiones son iguales al número del día.

TMI Ecuaciones y expresiones equivalentes

Edificios de cubos 3

Forma un piso de un edificio de cubos que coincida con el contorno. Luego, construye más pisos. Completa la tabla para mostrar la cantidad de cuartos para 1, 2, 3, 4, 5 y 10 pisos.

Edificio E

Hay _____ cuartos en cada piso.

Cantidad total de pisos	Cantidad total de cuartos	Ecuación
1		
2		
3		
4		
5		
10		

Edificio F

Hay _____ cuartos en cada piso.

Cantidad total de pisos	Cantidad total de cuartos	Ecuación
1		
2		
3		
4		
5		
10		

Edificios de cubos 4

Forma un piso de un edificio de cubos que coincida con el contorno. Luego, construye más pisos. Completa la tabla para mostrar la cantidad de cuartos para 1, 2, 3, 4, 5 y 10 pisos.

Edificio G

Hay _____ cuartos en cada piso.

Cantidad total de pisos	Cantidad total de cuartos	Ecuación
1		
2		
3		
4		
5		
10		

Edificio H

Hay _____ cuartos en cada piso.

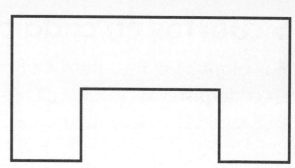

Cantidad total de pisos	Cantidad total de cuartos	Ecuación
1		
2		
3		
4		
5		

10		

NOMBRE   FECHA

5 cuartos en cada piso

Haz algunos planos para edificios con 5 cuartos
en cada piso.

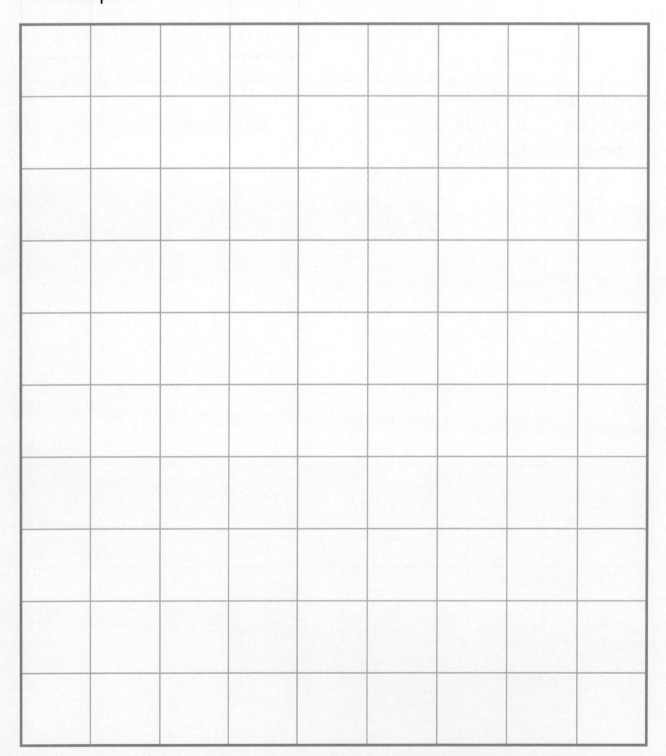

NOMBRE   FECHA

Contar con grupos

Resuelve los problemas y muestra tu trabajo.
Escribe una ecuación.

1 Hay 23 estudiantes en la clase de la Srta. Lake.
Cada persona tiene 10 dedos.
¿Cuál es la cantidad total de dedos que hay
entre todos los estudiantes de la clase?

2 Hay 5 carros en el estacionamiento.
Cada carro tiene 4 ruedas. ¿Cuál es la
cantidad total de ruedas que hay en el
estacionamiento?

3 Hay un total de 30 tenis entre los estudiantes
de la clase. Cada persona tiene 2 pies.
¿Cuántas personas llevan tenis?

Repaso continuo

4 ¿Qué hora es?

Ⓐ 6:30   Ⓑ 6:25   Ⓒ 5:25   Ⓓ 6:15

NOTA

Los estudiantes practican cómo contar con grupos.
TMI **Contar de 2 en 2, de 5 en 5 y de 10 en 10**

Pares de calcetines

Resuelve cada problema y escribe una ecuación
que muestre los grupos iguales.

1   Jake tiene 3 pares de calcetines.
¿Cuántos calcetines tiene? _____

2   Kira tiene 5 pares de calcetines.
¿Cuántos calcetines tiene? _____

NOTA

Los estudiantes resuelven problemas que incluyen grupos iguales y escriben una ecuación que
muestra grupos iguales.

TMI **Grupos iguales**

Plano 1

Usa cubos conectables para construir el Edificio I y completa la información que falta en la tabla.
Dibuja el plano en la cuadrícula.

Edificio I

Hay _____ cuartos en cada piso.

Cantidad total de pisos	Cantidad total de cuartos	Ecuación
1	5	
	10	
3	15	
	20	
5		

Mi plano

Plano 1

¿Cómo calculaste la cantidad de cuartos para
5 pisos? Muestra tu trabajo.

NOMBRE   FECHA   (PÁGINA 1 DE 2)

Plano 2

Usa cubos conectables para construir el Edificio K y completa la información que falta en la tabla.
Dibuja el plano en la cuadrícula.

Edificio K

Hay _____ cuartos en cada piso.

Cantidad total de pisos	Cantidad total de cuartos	Ecuación
1		
	2	
3	3	
	4	
5		

Mi plano

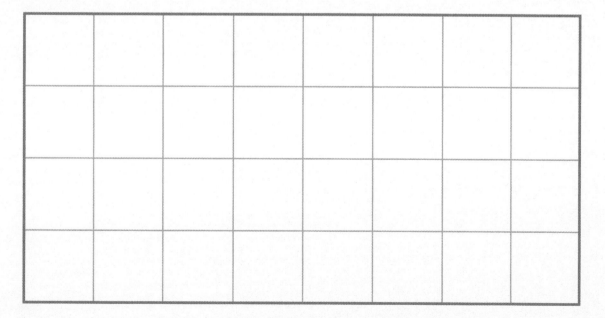

Plano 2

¿Cómo calculaste la cantidad de cuartos para
5 pisos? Muestra tu trabajo.

Plano 3

Usa cubos conectables para construir el Edificio L y completa la información que falta en la tabla.
Dibuja el plano en la cuadrícula.

Edificio L

Hay _____ cuartos en cada piso.

Cantidad total de pisos	Cantidad total de cuartos	Ecuación
	3	
2		
	9	
4	12	
5		

Plano 3

¿Cómo calculaste la cantidad de cuartos para
5 pisos? Muestra tu trabajo.

Plano 4

Usa cubos conectables para construir el Edificio M y completa la información que falta en la tabla.
Dibuja el plano en la cuadrícula.

Edificio M

Hay _____ cuartos en cada piso.

Cantidad total de pisos	Cantidad total de cuartos	Ecuación
2	4	
3		
4		
	12	

Mi plano

Plano 4

¿Cuántos cuartos hay en el primer piso de este edificio? ¿Cómo lo sabes?

Plano 5

Usa cubos conectables para construir el Edificio N y completa la información que falta en la tabla.
Dibuja el plano en la cuadrícula.

Edificio N

Hay _____ **cuartos en cada piso.**

Cantidad total de pisos	Cantidad total de cuartos	Ecuación
2		
	4	
6		
	8	

Mi plano

Plano 5

¿Cuántos cuartos hay en el primer piso de este edificio? ¿Cómo lo sabes?

Decir la hora

Lee cada reloj y escribe la hora.

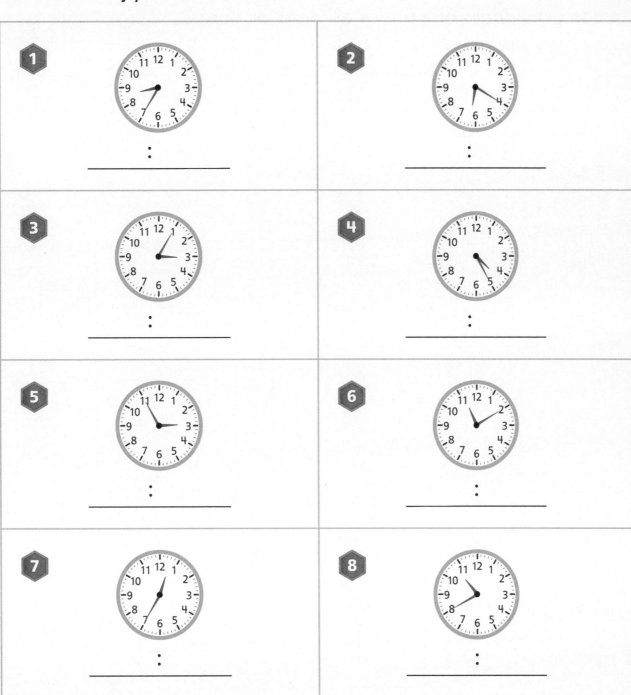

1	**2**
_____ : _____	_____ : _____
3	**4**
_____ : _____	_____ : _____
5	**6**
_____ : _____	_____ : _____
7	**8**
_____ : _____	_____ : _____

NOTA

Los estudiantes practican cómo decir la hora a los cinco minutos. Practican cómo identificar las actividades que hacen durante las horas "*a. m.*" y "*p. m.*".

TMI **Medir el tiempo**

NOMBRE   FECHA

Decir la hora

Piensa en lo que haces los sábados o los domingos.
Escribe actividades que harías durante las horas
"*a. m.*" y durante las horas "*p. m.*".

a. m.	*p. m.*

Cubrir hexágonos

¿Cuántas de las figuras de la segunda columna de cada tabla necesitas para cubrir los hexágonos? Usa los bloques de patrón como ayuda para hallar tu respuesta.

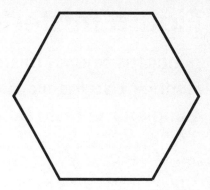

1

Cantidad de hexágonos	Cantidad de rombos	Ecuación
1		
2		
3		
4		
5		

2

Cantidad de hexágonos	Cantidad de triángulos	Ecuación
1		
2		
3		
4		
5		

Figura misteriosa 1

¿Cuántas figuras misteriosas necesitas para cubrir el rombo? Usa los bloques de patrón como ayuda para completar el resto de la tabla.

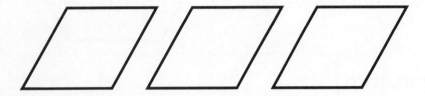

Cantidad de rombos	Cantidad de figuras misteriosas	Ecuación
1	2	
2	4	
3		
	8	
5	10	
6		

¿Cuál es la figura misteriosa? _____

NOMBRE   FECHA

Figura misteriosa 2

¿Cuántas figuras misteriosas necesitas para cubrir
el trapecio? Usa los bloques de patrón como ayuda
para completar el resto de la tabla.

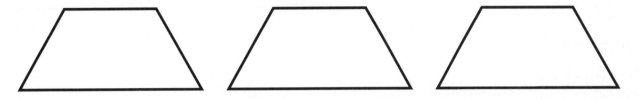

Cantidad de trapecios	Cantidad de figuras misteriosas	Ecuación
1	3	
2		
3		
	12	
5	15	
6		

¿Cuál es la figura misteriosa? _____

Figura misteriosa 3

¿Cuántas figuras misteriosas necesitas para cubrir el hexágono? Usa los bloques de patrón como ayuda para completar el resto de la tabla.

Cantidad de hexágonos ⬡	Cantidad de figuras misteriosas	Ecuación
1		
2	4	
3		
4	8	
5		
6	12	

¿Cuál es la figura misteriosa? _____

Figura misteriosa 4

¿Cuántas figuras misteriosas necesitas para cubrir el hexágono? Usa los bloques de patrón como ayuda para completar el resto de la tabla.

Cantidad de hexágonos	Cantidad de figuras misteriosas	Ecuación
1		
2	6	
3	9	
5		
6	18	

¿Cuál es la figura misteriosa? _____

Figura misteriosa 5

¿Cuántos triángulos necesitas para cubrir la figura misteriosa? Usa los bloques de patrón como ayuda para completar el resto de la tabla.

Cantidad de figuras misteriosas	Cantidad de triángulos △	Ecuación
1		
2	12	
3	18	
4		
5		
6		

¿Cuál es la figura misteriosa? _____

Figura misteriosa 6

¿Cuántos triángulos necesitas para cubrir la figura misteriosa? Usa los bloques de patrón como ayuda para completar el resto de la tabla.

Cantidad de figuras misteriosas	Cantidad de triángulos △	Ecuación
1		
2		
3	9	
4		
5	15	
6		

¿Cuál es la figura misteriosa? _____

Figura misteriosa 7

Halla dos figuras de bloques de patrón que puedan
ser la Figura misteriosa A y la Figura misteriosa B.
Completa la tabla.

Cantidad de Figuras misteriosas A	Cantidad de Figuras misteriosas B	Ecuación
1	2	
2		
3	6	
4		
5	10	
6		

¿Cuál es la Figura misteriosa A? _____

¿Cuál es la Figura misteriosa B? _____

¿Puede haber otras respuestas?

Figura misteriosa 8

Halla dos figuras de bloques de patrón que puedan ser la Figura misteriosa A y la Figura misteriosa B. Completa la tabla.

Cantidad de Figuras misteriosas A	Cantidad de Figuras misteriosas B	Ecuación
	3	
3	9	
	12	
5	15	
6		

¿Cuál es la Figura misteriosa A? _____

¿Cuál es la Figura misteriosa B? _____

¿Puede haber otras respuestas?

Imagina que la tabla es sobre un edificio de cubos. Dibuja un plano para ese edificio en una hoja de papel cuadriculado.

Edificios de cubos

Escribe una ecuación que represente el problema.
Resuelve cada problema y muestra tu trabajo.

1 Jake hizo la primera parte de un edificio de cubos.
Después añadió 25 cubos.
Ahora, su edificio tiene 50 cubos.
¿Con cuántos cubos empezó Jake? _____

2 Jake toma 12 cubos del edificio de Kira.
Ahora el edificio de Kira tiene 45 cubos.
¿Con cuántos cubos empezó Kira
su edificio? _____

NOTA

Los estudiantes resuelven problemas-cuento de suma y resta con la cantidad inicial desconocida.
TMI Grupos iguales: Edificios de cubos

UNIDAD 7 | 490 | SESIÓN 2.5   © Pearson Education 2

Edificios de cubos

Escribe una ecuación que represente el problema.
Resuelve cada problema y muestra tu trabajo.

3   Kira construyó un edificio de cubos. Decidió
quitar 22 cubos. Cuando volvió a contarlos,
su edificio solo tenía 14 cubos. ¿Con cuántos
cubos empezó Kira? _____

4   Kira y Jake decidieron construir un edificio
de cubos juntos. Kira construyó la primera
parte del edificio y, luego, Jake añadió
42 cubos. Cuando terminaron, contaron
60 cubos en total. ¿Cuántos cubos había en
la parte que hizo Kira? _____

NOMBRE   FECHA

Practicar con matrices

Escribe las ecuaciones que describe cada matriz.
Algunas matrices tienen más de una ecuación.

Ejemplo: $2 + 2 + 2 + 2 = 8$

$4 + 4 = 8$

1

_____

_____

2

_____

3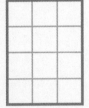

_____

4

_____

5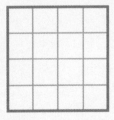

_____

_____

6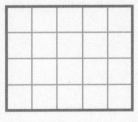

_____

_____

NOTA

Los estudiantes identifican ecuaciones de suma para representar matrices.

TMI Matrices rectangulares

NOMBRE   FECHA

¿Cómo llegas a 100?

Muestra cómo sumas cada cadena de números.

✔ ✔ ✔ ✔ ✔ ✔ ✔
$26 + 5 + 4 + 15 + 33 + 10 + 7$

$26 + 4 = 30$ ✔

$5 + 15 = 20$ ✔

$33 + 7 = 40$ ✔   ✔
$30 + 20 + 40 + 10 = 100$ ✔

1 $15 + 20 + 34 + 16 + 15$	2 $10 + 32 + 15 + 28 + 15$
3 $8 + 12 + 25 + 25 + 30$	4 $42 + 13 + 15 + 8 + 22$

Repaso continuo

5 ¿Qué combinación de 10 describe este tren de cubos?

Ⓐ $3 + 7$ Ⓑ $4 + 6$ Ⓒ $5 + 5$ Ⓓ $9 + 1$

NOTA

Los estudiantes usan combinaciones de sumas que conocen para resolver problemas con varios sumandos.
TMI Maneras de formar 100; Cadenas de números

¿Hay suficientes
para nuestra clase?
¿Hay suficientes
para todo el grado?

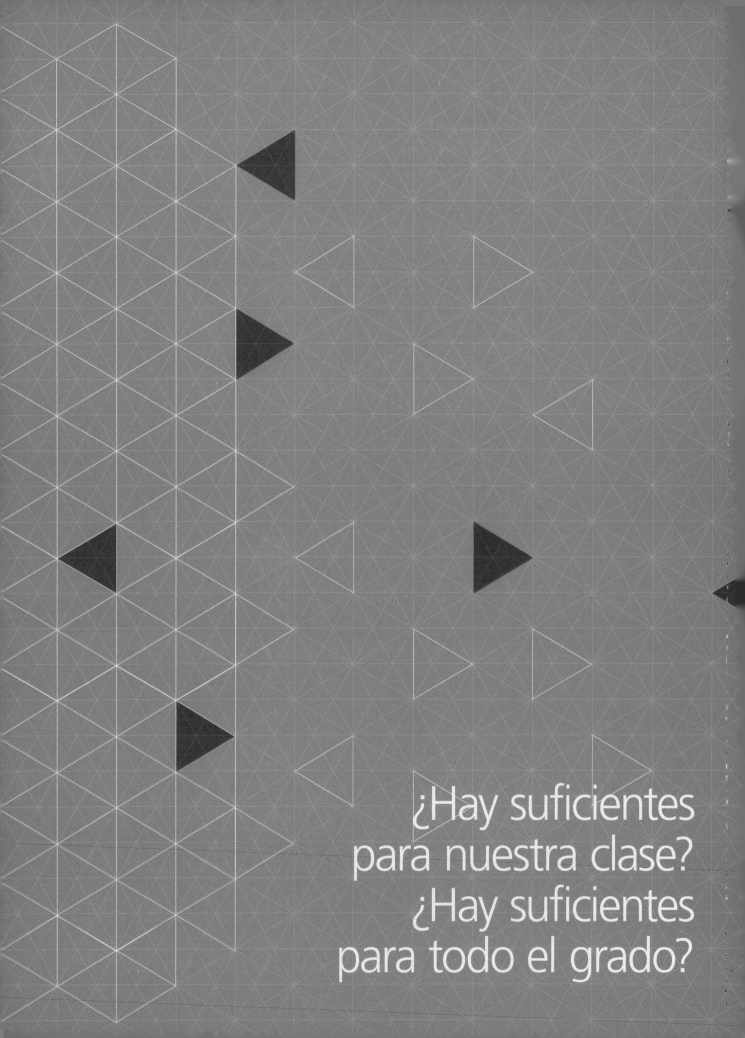

¿Hay suficientes
para nuestra clase?
¿Hay suficientes
para todo el grado?

NOMBRE   FECHA

Problemas-cuento de comparación

Escribe una ecuación y resuelve cada problema.
Muestra tu trabajo.

1 Kira y Jake coleccionan pegatinas de caracoles.
Kira tiene 47 pegatinas de caracoles.
Jake tiene 20 pegatinas menos que Kira.
¿Cuántas pegatinas de caracoles tiene Jake?

2 Franco y Sally coleccionan pegatinas de tablas de surf.
Franco tiene 55 pegatinas de tablas de surf.
Franco tiene 30 pegatinas más que Sally.
¿Cuántas pegatinas tiene Sally?

Problemas-cuento de comparación

Escribe una ecuación y resuelve cada problema.
Muestra tu trabajo.

3 Franco y Jake están reuniendo latas para un proyecto de reciclaje. Franco tiene 33 latas. Jake tiene 20 latas menos que Franco. ¿Cuántas latas tiene Jake?

4 Kira y Sally están reuniendo botones para un proyecto de artes. Kira tiene 58 botones. Tiene 40 botones más que Sally. ¿Cuántos botones tiene Sally?

NOMBRE _____ FECHA _____

¿Qué hora es?

Escribe la hora que marca el reloj.
Incluye *a. m.* o *p. m.* según la imagen.

Ejemplo:

a. m.

(*p. m.*)

5:35 *p. m.*

---

1   *a. m.*

p. m.

_____

2   *a. m.*

p. m.

_____

3   *a. m.*

p. m.

_____

4   *a. m.*

p. m.

_____

NOTA

Los estudiantes determinan el momento del día en el que se realizan diferentes actividades.
TMI **Medir el tiempo**

Las matemáticas en esta unidad

Estimada familia:

Nuestra clase va a comenzar la última unidad de matemáticas, llamada *¿Hay suficientes para nuestra clase? ¿Hay suficientes para todo el grado?*. En esta unidad, la cuarta de las cuatro unidades de segundo grado centradas en la suma y la resta, los estudiantes resuelven problemas-cuento de comparación, adquieren fluidez en restas hasta 100 y usan representaciones para resolver problemas de sumas y restas con números de 3 dígitos. También adquieren fluidez en decir la hora hasta los cinco minutos más cercanos y con operaciones de suma y resta en las que han estado trabajando durante el año.

A lo largo de esta unidad, los estudiantes trabajarán para cumplir los siguientes objetivos:

Puntos de referencia	Ejemplos
Resolver problemas-cuento de comparación con una cantidad desconocida más pequeña.	Kira tiene 35 pegatinas. Jake tiene 10 pegatinas menos que Kira. ¿Cuántas pegatinas tiene Jake? Kira tiene 35 pegatinas. Tiene 10 pegatinas más que Jake. ¿Cuántas pegatinas tiene Jake?
Restar con fluidez hasta 100.	Sally tenía 94 monedas de 1¢. Le dio 37 a Franco. ¿Cuántas monedas tiene Sally ahora? $94 - 30 = 64$ $64 - 4 = 60$ $60 - 3 = $ 57 monedas de 1¢

Las matemáticas en esta unidad

Puntos de referencia	Ejemplos
Decir la hora a los 5 minutos más cercanos.	¿Qué hora es? 8:05 p.m.
Demostrar fluidez en las operaciones de suma y resta.	Operaciones que sé 19 − 7 pista: 19 − 8 = 11 Operaciones que todavía estoy aprendiendo 5 + 9 9 + 5 pista: 5 + 10 = 15
Representar y resolver problemas de suma y resta con números de 3 dígitos.	111 pegatinas de Jake 123 pegatinas de Kira 200 + 30 + 4 = (234)

En nuestra clase, los estudiantes continúan haciendo problemas y actividades de matemáticas, además de comentar cómo resuelven los problemas. En casa, anime a su hijo(a) a explicarle su razonamiento matemático a medida que hace actividades para dar mayor apoyo a los conceptos matemáticos de esta unidad.

Problemas-cuento de comparación 2

Escribe una ecuación y resuelve cada problema.
Muestra tu trabajo.

1   Sally y Kira tienen algunas canicas.
Sally tiene 41 canicas. Kira tiene 20 menos
que Sally. ¿Cuántas canicas tiene Kira?

2   Jake y Franco coleccionan cromos de
beisbol. Jake tiene 57 cromos de beisbol.
Tiene 30 cromos más que Franco. ¿Cuántos
cromos de beisbol tiene Franco?

Cromos

Problemas-cuento de comparación 2

Escribe una ecuación y resuelve cada problema.
Muestra tu trabajo.

3 Franco y Kira coleccionan caracoles. Franco tiene 52 caracoles. Kira tiene 22 menos que Franco. ¿Cuántos caracoles tiene Kira?

4 Sally y Jake coleccionan estampillas. Sally tiene 40 estampillas. Tiene 13 más que Jake. ¿Cuántas estampillas tiene Jake?

Problemas-cuento de comparación

Escribe una ecuación y resuelve cada problema.
Muestra tu trabajo.

1 Jake y Kira coleccionan pegatinas de perros.
Kira tiene 42 pegatinas de perros. Jake tiene
20 pegatinas menos que Kira. ¿Cuántas
pegatinas de perros tiene Jake?

2 Sally y Franco coleccionan pegatinas de gatos.
Sally tiene 58 pegatinas de gatos. Tiene
30 más que Franco. ¿Cuántas pegatinas de
gatos tiene Franco?

NOTA

Los estudiantes resuelven problemas-cuento que incluyen comparaciones.
TMI **Problemas-cuento de comparación: Con una cantidad desconocida más pequeña**

Problemas-cuento de comparación 3

Escribe una ecuación y resuelve cada problema.
Muestra tu trabajo.

1 Kira y Franco coleccionan pegatinas de tiburones.
Kira tiene 60 pegatinas de tiburones. Tiene 25 más que Franco. ¿Cuántas pegatinas de tiburones tiene Franco?

2 Sally y Jake coleccionan pegatinas de delfines.
Sally tiene 48 pegatinas de delfines.
Jake tiene 28 menos que Sally. ¿Cuántas pegatinas de delfines tiene Jake?

Problemas-cuento de comparación 3

Escribe una ecuación y resuelve cada problema.
Muestra tu trabajo.

3 Kira y Sally coleccionan pegatinas de ballenas. Kira tiene 50 pegatinas de ballenas. Tiene 32 más que Sally. ¿Cuántas pegatinas de ballenas tiene Sally?

4 Franco y Jake coleccionan pegatinas del océano.
Franco tiene 56 pegatinas del océano.
Jake tiene 26 menos que Franco. ¿Cuántas pegatinas del océano tiene Jake?

NOMBRE   FECHA

¿Cuál puede ser una pista?

Para cada operación, escribe una pista que pueda
ayudar a alguien a quien le resulte difícil.

1

14 – 5

Pista: _____

2

15 – 8

Pista: _____

3

13 – 6

Pista: _____

4

17 – 7

Pista: _____

5

16 – 7

Pista: _____

6

11 – 6

Pista: _____

NOTA

Los estudiantes escriben pistas como ayuda para recordar operaciones difíciles.
TMI Aprender operaciones de resta

Clips

Escribe una ecuación y resuelve cada problema.
Muestra tu trabajo.

Sally y Kira tienen algunos clips. Sally tiene 36 clips.
Kira tiene 20 menos que Sally.
¿Cuántos clips tiene Kira?

NOTA

Los estudiantes resuelven un problema de comparación.

TMI **Problemas-cuento de comparación: Con una cantidad desconocida más pequeña**

¿Qué hora es? 2

Escribe la hora que marca el reloj.
Incluye *a. m.* o *p. m.* según la imagen.

Ejemplo:

8:25 *a. m.*

_____

_____

_____

_____

NOTA

Los estudiantes escriben la hora que marca un reloj analógico y deciden si la imagen corresponde a una hora *a. m.* o *p. m.*

TMI **Medir el tiempo**

Lápices y borradores: ¿Hay suficientes para todo el grado?

Escribe una ecuación y resuelve cada problema.
Muestra tu trabajo.

1 La escuela South Side tiene 2 clases de
segundo grado.
Hay 30 estudiantes en la Clase A.
Hay 7 estudiantes menos en la Clase B.

a. ¿Cuántos estudiantes hay en la Clase B?

b. El director de la escuela tiene 100 lápices.
Si da uno a cada estudiante de segundo
grado, ¿cuántos lápices sobrarán?

Lápices y borradores: ¿Hay suficientes para todo el grado?

Escribe una ecuación y resuelve cada problema.
Muestra tu trabajo.

2 La escuela Riverside tiene 2 clases de segundo grado.
Hay 29 estudiantes en la Clase A.
Hay 4 estudiantes más en la Clase A que en la Clase B.

a. ¿Cuántos estudiantes hay en la Clase B?

b. El director de la escuela tiene 100 borradores.
Si da uno a cada estudiante de segundo grado, ¿cuántos borradores sobrarán?

NOMBRE   FECHA

Problemas-cuento de comparación 2

Escribe una ecuación y resuelve cada problema.
Muestra tu trabajo.

1 Jake y Sally coleccionan pegatinas de soles.
Sally tiene 51 pegatinas de soles. Jake tiene
30 menos que Sally. ¿Cuántas pegatinas de
soles tiene Jake?

2 Kira y Franco coleccionan pegatinas
de montañas.
Kira tiene 49 pegatinas de montañas.
Tiene 20 más que Franco. ¿Cuántas
pegatinas de montañas tiene Franco?

NOTA

Los estudiantes resuelven problemas-cuento de comparación.
TMI **Problemas-cuento de comparación: Con una cantidad desconocida más pequeña**

Crayones y estuches para lápices: ¿Hay suficientes para todo el grado?

Resuelve los problemas y muestra tu trabajo.

1

a. La escuela North Side tiene 2 clases de segundo grado.
Hay 23 estudiantes en la Clase A. En la Clase B hay 6 estudiantes menos que en la Clase A. ¿Cuántos estudiantes hay en la Clase B?

b. El director de la escuela tiene 100 cajas de crayones.
Si da una a cada estudiante de segundo grado, ¿cuántas cajas sobrarán?

Crayones y estuches para lápices: ¿Hay suficientes para todo el grado?

Resuelve los problemas y muestra tu trabajo.

2

a. La escuela Lakeside tiene 2 clases de segundo grado.
Hay 26 estudiantes en la Clase A. En la Clase A hay 4 estudiantes más que en la Clase B. ¿Cuántos estudiantes hay en la Clase B?

b. La directora de la escuela tiene 100 estuches para lápices.
Si da uno a cada estudiante de segundo grado, ¿cuántos estuches sobrarán?

El misterio de la fruta perdida

Resuelve los problemas y muestra tu trabajo.

1 ¿Cuántos plátanos hay en la caja?

¿Cuántos plátanos faltan?

100 plátanos

2 ¿Cuántas manzanas hay en la caja?

¿Cuántas manzanas faltan?

100 manzanas

NOTA

Los estudiantes practican cómo restar cantidades de 100.
TMI Maneras de formar 100

Monedas de 1¢ y clips

Escribe una ecuación y resuelve cada problema.
Muestra tu trabajo.

1 Franco tenía 100 monedas de 1¢.
Usó 67 para comprar un cromo de beisbol.
¿Cuántas monedas de 1¢ le quedan?

2 Había 100 clips en la caja.
Kira usó 52.
¿Cuántos clips quedan en la caja?

NOTA

Los estudiantes practican cómo restar cantidades de 100.

TMI **Maneras de formar 100; Problemas-cuento de comparación: Con una cantidad desconocida más pequeña**

Monedas de 1¢ y clips

Escribe una ecuación y resuelve cada problema.
Muestra tu trabajo.

3 Sally tenía 100 monedas de 1¢.
Le dio 26 a su hermano.
¿Cuántas monedas de 1¢ tiene Sally ahora?

4 Había 100 clips en la caja.
Jake usó 19.
¿Cuántos clips quedan en la caja?

Problemas-cuento

Escribe una ecuación y resuelve cada problema.
Muestra tu trabajo.

1 Franco tenía 45 monedas de 1¢ sobre la mesa.
Puso 27 en su alcancía.
¿Cuántas quedan sobre la mesa?

2 Franco y Jake estaban jugando a *Escondidos*
con 30 fichas. Franco escondió algunas de
las fichas. Dejó 16 a la vista. ¿Cuántas fichas
escondió Franco?

Problemas-cuento

 3   46 − 11 = _____

$$\begin{array}{r} 46 \\ -\ 11 \\ \hline \end{array}$$

Escribe una ecuación y resuelve cada problema.
Muestra tu trabajo.

4   Kira tenía 53 pegatinas de gatos.
Le dio 17 pegatinas a Jake.
¿Cuántas pegatinas de gatos le quedan a Kira?

NOMBRE   FECHA

Emparejar las horas con las imágenes

Dibuja una línea que conecte cada imagen con la hora del día.

a. 7:50 *p. m.*

b. 6:25 *a. m.*

c. 8:10 *a. m.*

d. 8:40 *p. m.*

NOTA

Los estudiantes emparejan imágenes con la hora.
TMI **Medir el tiempo**

Problemas-cuento 2

Escribe una ecuación y resuelve cada problema.
Muestra tu trabajo.

1   Jake tenía 52 monedas de 1¢.
Gastó 24 en un lápiz nuevo.
¿Cuántas monedas le quedan?

2 $48 - 23 =$ _____

$$\begin{array}{r} 48 \\ -\ 23 \\ \hline \end{array}$$

Problemas-cuento 2

Escribe una ecuación y resuelve cada problema.
Muestra tu trabajo.

3 Kira y Sally estaban jugando a *Escondidos* con 52 fichas. Kira escondió algunas de las fichas. Dejó 29 a la vista. ¿Cuántas fichas escondió Kira?

4 Franco tenía 55 canicas. Le dio 27 a su hermano. ¿Cuántas canicas tiene Franco ahora?

© Pearson Education 2

NOMBRE   FECHA

¿Cuántas pegatinas hay?

Escribe una ecuación y resuelve cada problema.
Muestra tu trabajo.

1 Sally tenía 40 pegatinas de aviones. Le dio 27 a Franco. ¿Cuántas pegatinas de aviones tiene Sally ahora?

Repaso continuo

2 Hay 17 monedas de 1¢ en total. ¿Cuántas hay escondidas?

Ⓐ 14   Ⓑ 13   Ⓒ 11   Ⓓ 6

NOTA

Los estudiantes resuelven un problema-cuento.
TMI Estrategias para restar números de 2 dígitos

Monedas de 1¢ y pegatinas

Escribe una ecuación y resuelve cada problema.
Muestra tu trabajo.

1 Jake tenía 72 monedas de 1¢.
Gastó 58 monedas de 1¢ en un lápiz nuevo.
¿Cuántas monedas de 1¢ le quedan?

2 Kira tenía 62 pegatinas de soles.
Le dio 29 a su hermana.
¿Cuántas pegatinas de soles tiene
Kira ahora?

NOMBRE   FECHA

Monedas de 1¢ y pegatinas

Resuelve los problemas y muestra tu trabajo.

 3 $85 - 38 =$ _____

4
$$\begin{array}{r} 62 \\ -\ 45 \\ \hline \end{array}$$

NOMBRE _____ FECHA _____

Recolectando arándanos azules

Escribe una ecuación y resuelve cada problema.
Muestra tu trabajo.

1 Sally necesita 100 arándanos azules para
llenar su canasta. Recolectó 47 arándanos.
¿Cuántos más necesita para llenar la canasta?

2 Jake recolectó 54 arándanos azules. Usó
38 para preparar bizcochitos de arándanos.
¿Cuántos arándanos tiene ahora?

Repaso continuo

3 Kira tiene 1 moneda de 25¢, 3 de 10¢, 2 de
5¢ y 6 de 1¢. ¿Cuánto dinero tiene?

Ⓐ 56¢   Ⓑ 66¢   Ⓒ 71¢   Ⓓ 81¢

NOTA

Los estudiantes usan la suma o la resta para resolver dos problemas-cuento.
TMI Maneras de formar 100; Estrategias para restar números de 2 dígitos

Pegatinas para compartir

Escribe una ecuación y resuelve cada problema.
Muestra tu trabajo.

1 Jake tenía 82 pegatinas de mariposas.
Le dio 46 a Sally. ¿Cuántas pegatinas de
mariposas le quedan?

2 Sally tenía 71 pegatinas de beisbol. Le dio
33 a Kira. ¿Cuántas pegatinas de beisbol
le quedan?

NOTA

Los estudiantes resuelven problemas-cuento de resta.
TMI Estrategias para restar números de 2 dígitos

NOMBRE

FECHA

Problemas con clips

Escribe una ecuación y resuelve cada problema.
Muestra tu trabajo.

1 Había 100 clips en una caja. En su primer turno, Sally usó 75 clips.
¿Cuántos clips quedaron en la caja?

2 Sally volvió a poner todos los clips en la caja y ahora tiene 100. En su segundo turno, usó 74 clips. ¿Cuántos clips quedaron en la caja? ¿Cómo puedes usar el primer problema como ayuda para resolver este?

NOTA

Los estudiantes resuelven problemas-cuento relacionados restando cantidades de 100.
TMI Maneras de formar 100

PRÁCTICA DIARIA

NOMBRE   FECHA

Pegatinas de ranas

Resuelve el problema y muestra tu trabajo.

1 El Sr. Day tiene 113 pegatinas de ranas. Quiere dar 10 pegatinas de ranas a cada estudiante.
¿Cuántos estudiantes recibirán 10 pegatinas?
¿Sobrará alguna?

Repaso continuo

2 ¿Cuántos estudiantes más son los tienen un perro que los que tienen un gato?

Ⓐ 3   Ⓒ 6

Ⓑ 5   Ⓓ 9

Nuestras mascotas

Perros Gatos Peces

NOTA

Los estudiantes resuelven un problema-cuento sobre grupos de 10.
TMI Sumar o restar 10 o 100

Combinar grupos de pegatinas

Problema 1

Kira tiene 135 pegatinas. Muéstralas:	Jake tiene 123 pegatinas. Muéstralas:
Ecuación:	Ecuación:

Si Kira y Jake combinan sus grupos, ¿cuántas pegatinas tendrán?
Usa ecuaciones para mostrar tu trabajo.

NOMBRE   FECHA

Combinar grupos de pegatinas

Problema 2

Sally tiene 250 pegatinas.
Muéstralas:

Ecuación:

Franco tiene 248 pegatinas.
Muéstralas:

Ecuación:

Si Sally y Franco combinan sus grupos,
¿cuántas pegatinas tendrán?
Usa ecuaciones para mostrar tu trabajo.

Combinar grupos de pegatinas

Problema 3

Sally tiene 307 pegatinas.
Muéstralas:

Ecuación:

Kira tiene 211 pegatinas.
Muéstralas:

Ecuación:

Si Sally y Kira combinan sus grupos,
¿cuántas pegatinas tendrán?
Usa ecuaciones para mostrar tu trabajo.

Combinar grupos de pegatinas

Problema 4

Jake tiene 500 pegatinas.
Muéstralas:

Ecuación:

Franco tiene 391 pegatinas.
Muéstralas:

Ecuación:

Si Jake y Franco combinan sus grupos,
¿cuántas pegatinas tendrán?
Usa ecuaciones para mostrar tu trabajo.

NOMBRE

FECHA

Centenas, decenas y unidades

Para cada número, representa la cantidad usando la notación de pegatina. Luego, escribe una ecuación que muestre la cantidad de centenas, decenas y unidades.

Ejemplo: 127

$127 = \underline{100} + \underline{20} + \underline{7}$

1 183	**2** 235
183 = _____ + _____ + _____	235 = _____ + _____ + _____
3 318	**4** 456
318 = _____ + _____ + _____	456 = _____ + _____ + _____
5 702	**6** 851
702 = _____ + _____ + _____	851 = _____ + _____ + _____

NOTA

Los estudiantes practican cómo representar números usando la notación de pegatina y usando ecuaciones que muestren números como la suma de centenas, decenas y unidades.

TMI **Representar el valor de posición: Centenas, decenas y unidades**

Actividades relacionadas para hacer en casa

Estimada familia:

Las actividades sugeridas a continuación se relacionan con los conceptos matemáticos de la unidad que estamos estudiando en clase. Realizar estas actividades juntos puede enriquecer la experiencia de aprendizaje matemático de su hijo(a).

Gastar $1.00 Hemos estado jugando a *Gastar $1.00* en la escuela. Los estudiantes se turnan para lanzar los dados y restar esa cantidad (en centavos) de un dólar. Pueden jugar este juego en casa o simplemente proponer problemas para restar una cantidad de un dólar. Use monedas para ayudar a su hijo(a) a pensar en cuánto dinero le quedará.

Resolver problemas de suma y resta Busquen situaciones para sumar y restar números de 2 y 3 dígitos en casa, tales como:

- Hay 36 arándanos azules en un recipiente y 28 fresas en otro. ¿Cuántas frutas hay en total?
- Si tienes 250 monedas de 1¢ en tu alcancía y le das 120 a un amigo, ¿cuántas monedas de 1¢ te quedan?

Tenga a mano lápiz y papel, y pida a su hijo(a) que le explique cómo está resolviendo los problemas. Anime a su hijo(a) a crear problemas para que usted los resuelva.

Actividades relacionadas para hacer en casa

Escondidos Los estudiantes están trabajando en un nuevo grupo de operaciones de resta. Jueguen juntos a *Escondidos* para practicarlas.

11 − 5	13 − 7	15 − 8
11 − 6	14 − 4	16 − 6
12 − 3	14 − 5	16 − 7
13 − 3	15 − 5	17 − 7
13 − 4	15 − 6	17 − 8
13 − 6	15 − 7	18 − 8

Empiecen con algunas monedas de 1 (entre 11 y 18). Primero pida a su hijo(a) que calcule cuántas monedas hay. Cuando su hijo(a) no esté mirando, esconda algunas monedas. Luego, pregunte cuántas monedas cree que hay debajo de la hoja de papel. Por ejemplo, empiece con 11 monedas y esconda 5. Anime a su hijo(a) a pensar en cuántas monedas están a la vista y qué combinación formaría 11. Anímelo(a) a pensar en operaciones que sepa y a usarlas como ayuda (p. ej., "¿Cómo te podría ayudar saber que 5 + 5 = 10?").

Matemáticas y literatura Aquí le sugerimos algunos libros infantiles que contienen ideas relacionadas con nuestro trabajo en esta unidad que pueden leer juntos. Puede hallarlos en su biblioteca local.

May, Eleanor. *¡Alberto suma!*
Murphy, Stuart J. *¿Cuánto falta para el partido?*
Murphy, Stuart J. *El ascensor maravilloso.*
Rock, Brian. *El detective deductivo.*
Singleton, Linda Joy. *Elena Efectivo.*
Skinner, Daphne. *Alberto lleva la cuenta.*
Slade, Suzanne. *¿Cuál es la diferencia?*

Centenas de lápices y pegatinas

Escribe una ecuación y usa pegatinas para representar cada problema.
Usa ecuaciones para mostrar cómo resolviste los problemas.

1 La Srta. Jones tiene 125 lápices en su escritorio. Halló 137 lápices en el armario de la clase.
¿Cuántos lápices tiene en total?

2 La maestra de artes necesita algunos lápices verdes y azules para un proyecto de artes de toda la escuela.
Necesita 258 lápices verdes y 266 lápices azules. ¿Cuántos lápices necesita?

Centenas de lápices y pegatinas

Problema 3

Sally tiene 258 pegatinas.
Muéstralas:

Ecuación:

Kira tiene 133 pegatinas.
Muéstralas:

Ecuación:

Si Sally y Kira combinan sus grupos,
¿cuántas pegatinas tendrán?
Usa ecuaciones para mostrar tu trabajo.

NOMBRE

FECHA

Centenas de lápices y pegatinas

Problema 4

Franco tiene 409 pegatinas.
Muéstralas:

Ecuación:

Jake tiene 231 pegatinas.
Muéstralas:

Ecuación:

Si Franco y Jake combinan sus grupos,
¿cuántas pegatinas tendrán?
Usa ecuaciones para mostrar tu trabajo.

NOMBRE   FECHA

Combinar grupos de pegatinas

Problema 1

Sally tiene 307 pegatinas. Muéstralas:	Franco tiene 406 pegatinas. Muéstralas:
Ecuación:	Ecuación:

Si Sally y Franco combinan sus grupos, ¿cuántas pegatinas tendrán en total? Usa ecuaciones para mostrar tu trabajo.

NOTA

Los estudiantes combinan dos números para determinar la cantidad total de pegatinas.
TMI **Estrategias para sumar números de 3 dígitos**

¿Hay suficientes lápices para todo el grado?

Escribe una ecuación y usa pegatinas para representar cada problema.

Usa ecuaciones para mostrar cómo resolviste los problemas.

1 Mi amiga halló 347 lápices en su armario. Quiere dar un lápiz nuevo a cada estudiante de segundo grado.
Hay 164 niños y 191 niñas en segundo grado.
¿Hay suficientes lápices para todo el grado?
¿Por qué?

¿Hay suficientes lápices para todo el grado?

 a. La escuela Grove recibió un envío de 6 envases de lápices y 12 cajas de lápices.
Cada envase tiene 100 lápices.
Cada caja tiene 10 lápices.
¿Cuántos lápices hay?

b. En la escuela Grove, hay 375 estudiantes en segundo grado y 350 en tercer grado. ¿Hay suficientes lápices para segundo y tercer grado? ¿Por qué?

Emparejar operaciones

Dibuja una línea para emparejar dos operaciones que sean iguales.

10 – 6   Pista: _____

8 – 4   Pista: _____

13 – 7   Pista: _____

9 – 4   Pista: _____

12 – 7   Pista: _____

13 – 4   Pista: _____

11 – 3   Pista: _____

11 – 5   Pista: _____

14 – 4   Pista: _____

17 – 7   Pista: _____

17 – 8   Pista: _____

13 – 5   Pista: _____

NOTA

Los estudiantes emparejan operaciones equivalentes.
TMI Aprender operaciones de resta; Restar hasta 20

NOMBRE   FECHA

Combinar grupos de pegatinas

Problema 1:

Kira tiene 218 pegatinas. Muéstralas:	Franco tiene 360 pegatinas. Muéstralas:
Ecuación:	Ecuación:

Si Kira y Franco combinan sus grupos, ¿cuántas pegatinas tendrán en total? Usa ecuaciones para mostrar tu trabajo.

NOTA

Los estudiantes combinan dos números para determinar la cantidad total de pegatinas.

TMI Estrategias para sumar números de 3 dígitos

Combinar pegatinas y ¿Hay suficientes para todo el grado?

Escribe una ecuación y usa pegatinas para representar cada problema.

Usa ecuaciones para mostrar cómo resolviste los problemas.

1 Sally y su hermana decidieron combinar sus pegatinas de lunas. Sally tiene 119 pegatinas y su hermana tiene 127 pegatinas. ¿Cuántas pegatinas de lunas tienen?

2 En la escuela Blue Hills, hay 251 estudiantes de segundo grado. El director tiene 163 pegatinas de estrellas y 98 pegatinas de soles. ¿Hay suficientes pegatinas para todo el grado? ¿Por qué?

Combinar pegatinas y ¿Hay suficientes para todo el grado?

3 En la escuela Smith se realiza un concierto en el gimnasio. En las graderías pueden sentarse 452 estudiantes. Y en el piso, 259 estudiantes. Hay 700 estudiantes en la escuela. ¿Hay suficientes asientos para todos los grados? ¿Por qué?

4 La hermana mayor de Jake le dio su colección de pegatinas. En la colección hay 541 pegatinas. Jake ya tenía 336 pegatinas en su colección. ¿Cuántas pegatinas tiene Jake ahora?

NOMBRE   FECHA

¿Cuántas pegatinas hay?

Franco fue al Quiosco de pegatinas.
Compró 352 pegatinas de futbol y
245 pegatinas de básquetbol.
¿Cuántas pegatinas compró Franco?

a. Escribe una ecuación.

b. Usa la notación de pegatina para mostrar
las pegatinas de Franco.

c. Usa ecuaciones para mostrar cómo resolviste el problema.

NOTA

Los estudiantes resuelven un problema que incluye combinaciones de pegatinas.
TMI **Estrategias para sumar números de 3 dígitos**

¿Hay suficientes para todos los grados?

Escribe una ecuación y usa pegatinas para representar cada problema.

Usa ecuaciones para mostrar cómo resolviste los problemas.

 ¡Es el Día del escritor en la escuela Memorial! Los maestros de primer y segundo grado tienen 325 lápices. Hay 164 estudiantes en primer grado y 136 en segundo grado. ¿Hay suficientes lápices para todos los grados? ¿Por qué?

¿Hay suficientes para todos los grados?

2 Es el día de deportes en la escuela Pine Street. Hay 722 estudiantes en la escuela. Los padres tienen 356 envases de jugo de manzana y 377 de uva. ¿Hay suficientes envases de jugo para todos los grados? ¿Por qué?

¿Hay suficientes para todos los grados?

3 ¡Sally está muy entusiasmada! Cree que tiene 1,000 pegatinas.
Tiene 450 pegatinas en un álbum de pegatinas y 550 en otro. ¿Tiene razón Sally? ¿Cuántas pegatinas tiene?

¿Hay suficientes para todos los grados?

4 Los estudiantes de segundo grado de la escuela North Street y de la escuela South Street se reunieron para el día de deportes.

Hay 528 estudiantes en el segundo grado de la escuela North Street. Hay 341 estudiantes en el segundo grado de la escuela South Street.

¿Cuántos estudiantes de segundo grado habrá en el día de deportes?

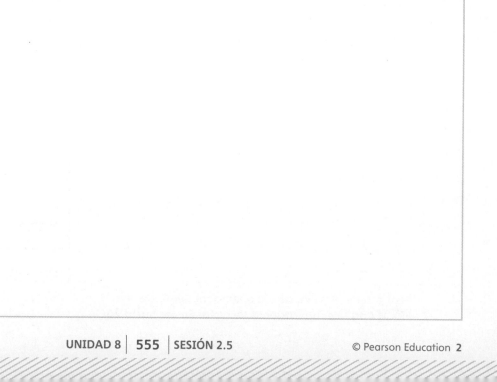

NOMBRE _____ FECHA _____

Emparejar operaciones 2

Dibuja una línea para emparejar dos operaciones
que sean iguales.

4 + 7

Pista: _____

12 − 6

Pista: _____

14 − 8

Pista: _____

7 − 4

Pista: _____

5 + 8

Pista: _____

16 − 7

Pista: _____

12 − 5

Pista: _____

8 + 3

Pista: _____

15 − 6

Pista: _____

6 + 7

Pista: _____

11 − 8

Pista: _____

15 − 8

Pista: _____

NOTA

Los estudiantes emparejan operaciones equivalentes.
TMI Aprender operaciones de resta; Restar hasta 20

NOMBRE   FECHA

Escondidos en casa

Juega a *Escondidos* con alguien en casa.

1 Escojan un número entre 11 y 19, y cuenten esa cantidad de fichas (monedas, clips).

2 El Jugador 1 esconde *algunas* de las fichas debajo de un pedazo de papel, mientras el Jugador 2 se tapa los ojos.

3 El Jugador 2 abre los ojos. Debe usar la información sobre cuántas fichas están a la vista para calcular cuántas están escondidas. Luego, debe explicar cómo lo supo.

4 El Jugador 2 esconde *algunas* fichas y el Jugador 1 calcula cuántas están escondidas.

5 Sigan turnándose. Usen una ecuación para anotar cada ronda.

Jugué a *Escondidos* con _____.
Jugamos con _____ fichas.
Ronda 1:
Ronda 2:
Ronda 3:
Ronda 4:
Ronda 5:
Ronda 6:

NOTA

Este juego ofrece práctica con operaciones de suma y resta.

Restar grupos de pegatinas

Problema 1

Sally tiene 176 pegatinas de estrellas.

a. Muestra las pegatinas de Sally.

b. Sally le da 115 de sus pegatinas a Franco. Escribe una ecuación que represente el problema.

c. ¿Cuántas pegatinas le quedan a Sally? Resuelve el problema. Puedes usar dibujos de pegatinas como ayuda. Usa ecuaciones para mostrar tu trabajo.

Restar grupos de pegatinas

Problema 2

Jake tiene 264 pegatinas de carros.

a. Muestra las pegatinas de Jake.

b. Jake le da 120 pegatinas a Kira.
Escribe una ecuación que represente
el problema.

c. ¿Cuántas pegatinas le quedan a Jake?
Resuelve el problema. Puedes usar dibujos de
pegatinas como ayuda. Usa ecuaciones para
mostrar tu trabajo.

Restar grupos de pegatinas

Problema 3

Sally tiene 388 pegatinas de gatos.

a. Muestra las pegatinas de Sally.

b. Le da 150 de sus pegatinas a Kira.
Escribe una ecuación que represente
el problema.

c. ¿Cuántas pegatinas le quedan a Sally?
Resuelve el problema. Puedes usar dibujos de
pegatinas como ayuda. Usa ecuaciones para
mostrar tu trabajo.

Restar grupos de pegatinas

Problema 4

Franco tiene 680 pegatinas de trenes.

a. Muestra las pegatinas de Franco.

b. Le da 350 de sus pegatinas a Kira.
Escribe una ecuación que represente
el problema.

c. ¿Cuántas pegatinas le quedan a Franco?
Resuelve el problema. Puedes usar dibujos de
pegatinas como ayuda. Usa ecuaciones para
mostrar tu trabajo.

NOMBRE   FECHA

¿Cuántas pegatinas de beisbol hay?

Jake tiene 835 pegatinas de beisbol en su colección.

1 Muestra las pegatinas de Jake.

2 Le da 525 de sus pegatinas a Franco.
Escribe una ecuación que represente
el problema.

3 ¿Cuántas pegatinas le quedan a Jake?

NOTA

Los estudiantes resuelven un problema que incluye restas con números de 3 dígitos.
TMI **Estrategias para restar números de 3 dígitos**

Más problemas con pegatinas

Problema 1

Sally tiene 352 pegatinas de soles.

a. Muestra las pegatinas de Sally.

b. Le da 125 de sus pegatinas a su hermana.
Escribe una ecuación que represente el problema.

c. ¿Cuántas pegatinas le quedan?
Resuelve el problema. Puedes usar dibujos de pegatinas como ayuda. Usa ecuaciones para mostrar tu trabajo.

Más problemas con pegatinas

Problema 2

Franco tiene 336 pegatinas de soles.

a. Muestra las pegatinas de Franco.

b. Le da 281 de sus pegatinas a Jake.
Escribe una ecuación que represente el problema.

c. ¿Cuántas pegatinas le quedan?
Resuelve el problema. Puedes usar dibujos de
pegatinas como ayuda. Usa ecuaciones para
mostrar tu trabajo.

Más problemas con pegatinas

Problema 3

Kira y Franco tienen 8 hojas de 100, 6 tiras de
10 y 4 pegatinas sueltas entre los dos.

a. Muestra sus pegatinas.

b. Le dan 255 pegatinas a la hermana menor de Kira.
Escribe una ecuación que represente el problema.

c. ¿Cuántas pegatinas les quedan a Franco y a Kira?
Resuelve el problema. Puedes usar dibujos de
pegatinas como ayuda. Usa ecuaciones para
mostrar tu trabajo.

Más problemas con pegatinas

Problema 4

Sally y Jake dicidieron combinar sus colecciones de pegatinas. Cuando contaron, tenían 7 hojas de 100, 3 tiras de 10 y 6 pegatinas sueltas.

a. ¿Cuántas pegatinas tienen en total?

Ecuación: _____ + _____ + _____ = _____ pegatinas

Notación de pegatina:

b. De estas pegatinas, Jake decidió darle 361 a su hermano. ¿Cuántas pegatinas les quedan a Sally y a Jake? (Puedes usar la notación de pegatina para mostrar tu trabajo).

Ecuación: _____ − _____ = _____ pegatinas

¿Cuántas pegatinas de barcos hay?

Jake tiene 863 pegatinas de barcos.

1 Muestra las pegatinas de Jake.

2 Le da 349 pegatinas a su hermano.
Escribe una ecuación que represente el problema.

3 ¿Cuántas pegatinas le quedan a Jake?
Resuelve el problema. Puedes usar dibujos
de pegatinas como ayuda. Usa ecuaciones
para mostrar tu trabajo.

en un problema que incluye restas con números de 3 dígitos.
a restar números de 3 dígitos

¿Cuántas pegatinas hay?

Kira tiene 458 pegatinas de vacas.

1 Muestra las pegatinas de Kira.

2 Le da 132 de sus pegatinas a Franco.
Escribe una ecuación que represente el problema.

3 ¿Cuántas pegatinas le quedan?
Resuelve el problema. Puedes usar dibujos
de pegatinas como ayuda. Usa ecuaciones
para mostrar tu trabajo.

NOTA

Los estudiantes resuelven un problema que incluye restas con números de 3 dígitos.
TMI **Estrategias para restar números de 3 dígitos**

UNIDAD 8 | **569** | SESIÓN 2.7

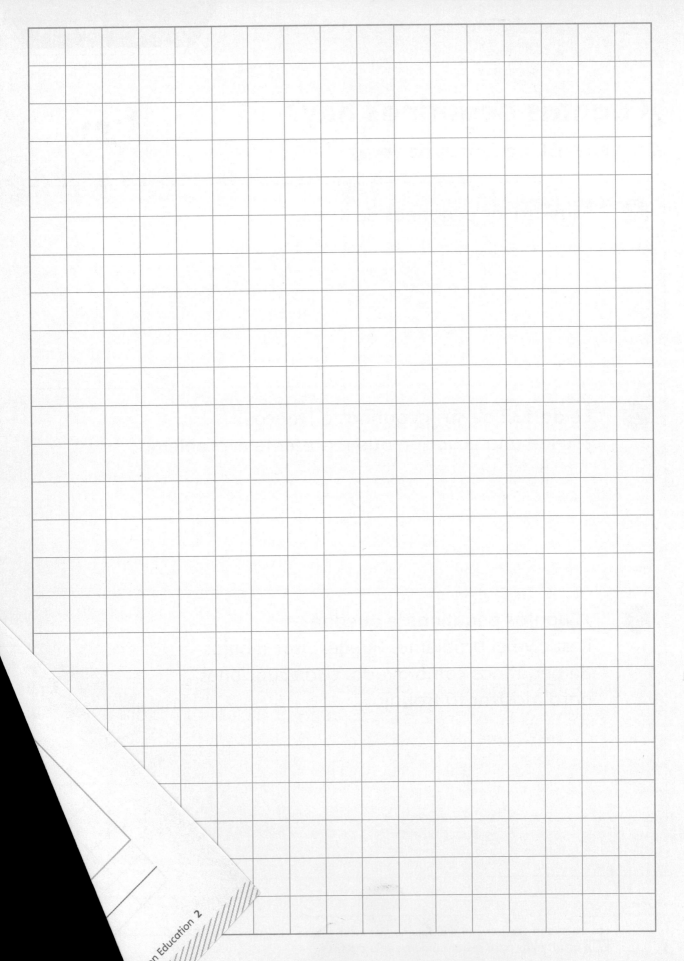

¿Cuántas pegatinas hay?

Problema 1

Sally tiene 235 pegatinas de futbol.

a. Muestra las pegatinas de Sally.

b. Le da 158 de sus pegatinas a su hermana.
Escribe una ecuación que represente el problema.

c. ¿Cuántas pegatinas le quedan a Sally?
Resuelve el problema. Puedes usar dibujos de
pegatinas como ayuda. Usa ecuaciones para
mostrar tu trabajo.

¿Cuántas pegatinas hay?

Problema 2

Franco tiene 523 pegatinas de básquetbol.

a. Muestra las pegatinas de Franco.

b. Le da 156 de esas pegatinas a Kira.
Escribe una ecuación que represente el problema.

c. ¿Cuántas pegatinas le quedan a Franco?
Resuelve el problema. Puedes usar dibujos de
pegatinas como ayuda. Usa ecuaciones para
mostrar tu trabajo.

Pegatinas de Jake

Jake tiene 795 pegatinas de lunas.

1 Muestra las pegatinas de Jake.

2 Le da 467 pegatinas a su hermano.
Escribe una ecuación que represente
el problema.

3 ¿Cuántas pegatinas le quedan?
Resuelve el problema. Puedes usar dibujos
de pegatinas como ayuda. Usa ecuaciones
para mostrar tu trabajo.

NOTA

Los estudiantes resuelven un problema que incluye restas con números de 3 dígitos.
TMI Estrategias para restar números de 3 dígitos

El número del día: 500

El número del día es <u>500</u>.

1 Usa pegatinas para mostrar el número del día. Usa una combinación de hojas y tiras.

2 Usa una suma para mostrar el número del día. Usa números que tengan un 0 en el lugar de las unidades, pero no en el lugar de las decenas. (p. ej., $410 + 90 = 500$).

3 Usa una resta para mostrar el número del día. Solo usa números que tenga 0 en el lugar de las unidades (p. ej., $620 - 120 = 500$).

4 Usa dinero para mostrar el número del día. Usa una combinación de dólares y monedas de 10¢ para formar $5 o 500¢.

5 Halla 4 sumandos que sumen 500. Puedes usar cada número solo una vez.

_____, _____, _____, _____

6 500 = _____ decenas

El número del día: 500

El número del día es <u>500</u>.

7 Muestra diferentes maneras de formar el número del día.

8 Escribe el número del día en palabras: _____.

NOMBRE   FECHA

El número del día: Adivina cuál es el número

El número del día puede formarse con estos números: 3, 8, 7.

1   Haz una lista de los números posibles.

2   El número del día es impar. ¿Qué números podrían ser? _____

3   El número del día es mayor que 500. ¿Qué números podrían ser? _____

4   El número del día tiene el número más grande en el lugar de las centenas. ¿Qué números podrían ser? _____

5   El número del día completa esta ecuación:
$986 - 113 =$ _____.
¿Cuál es el número del día? _____

NOTA

Los estudiantes usan pistas para adivinar cuál es el número del día.
TMI **Representar el valor de posición: Centenas, decenas y unidades; Números pares e impares**